财经类应用型高校预算管理研究

CAIJINGLEI YINGYONGXING

GAOXIAO YUSUAN GUANLI YANJIU

马会起　杨桂 ◎ 著

项目策划：梁　平
责任编辑：梁　平
责任校对：傅　奕
封面设计：璞信文化
责任印制：王　炜

图书在版编目（CIP）数据

财经类应用型高校预算管理研究 / 马会起，杨桂著
. — 成都：四川大学出版社，2021.6
ISBN 978-7-5690-4743-1

Ⅰ．①财… Ⅱ．①马… ②杨… Ⅲ．①高等学校－预算管理－研究 Ⅳ．① G647.5

中国版本图书馆 CIP 数据核字（2021）第 103557 号

书名	财经类应用型高校预算管理研究
著　者	马会起　杨　桂
出　版	四川大学出版社
地　址	成都市一环路南一段 24 号（610065）
发　行	四川大学出版社
书　号	ISBN 978-7-5690-4743-1
印前制作	四川胜翔数码印务设计有限公司
印　刷	四川五洲彩印有限责任公司
成品尺寸	148mm×210mm
印　张	4.5
字　数	118 千字
版　次	2021 年 6 月第 1 版
印　次	2021 年 6 月第 1 次印刷
定　价	38.00 元

版权所有 ◆ 侵权必究

◆ 读者邮购本书，请与本社发行科联系。
电话：(028) 85408408/(028) 85401670/
(028) 86408023　邮政编码：610065
◆ 本社图书如有印装质量问题，请寄回出版社调换。
◆ 网址：http://press.scu.edu.cn

四川大学出版社
微信公众号

前　言

随着我国经济与文化的发展，应用型教育在高等教育体系中发挥着越来越重要的作用。由此，在我国大力发展应用型教育的背景下，公办高等学校的规模也在不断扩大。如何使高等学校在迅猛发展的过程中避免出现各种资金管理问题，用活、用好资金，实现成本效益的最大化，使之适应国家发展应用型教育的要求，这是关系到当前我国公办高等学校能否实现健康发展的重要问题。

预算管理作为高等学校财务管理工作中非常重要的一环，一直是理论界和实务界关注的热点问题。综观国内外研究发现，学者们针对高校预算管理的理论及实践方面的研究是比较全面的，但是，现有的研究大多是把高等学校作为一个整体来探讨，而针对财经类应用型高校预算管理方面的研究相对缺乏。笔者作为财经类应用型高校的工作者，深知财经类应用型高校预算管理与其他类高等学校相比有其特殊性。这也正是本书研究的必要性所在。

本书将财经类应用型高校预算管理作为研究课题，主要目的在于通过分析财经类应用型高校预算管理特点，运用相关理论知识并结合对我国财经类应用型高校预算管理状况的问卷调查与案例研究，深入分析我国财经类应用型高校预算管理的现状和存在问题的原因，同时借鉴国内外应用型高校预算管理先进经验，对我国财经类应用型高校预算管理提出相应的优化措施。

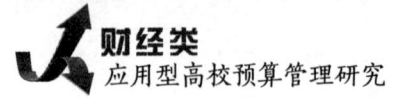

本书共分为7章。第1章为概论，第2章为概念界定与理论基础，第3、4章为提出问题和分析问题，第5章和第6章提出解决问题的措施与建议，第7章为结论与展望。

第1章为概论。阐述本书的选题背景与意义、国内外研究现状、研究思路及方法、研究内容及结构安排，概述本书的主要创新点。

第2章为概念界定与理论基础。首先介绍预算概念、预算管理发展历程以及相关理论基础。其次，介绍高校预算管理的内涵、特点、方法以及我国高校预算管理制度沿革。最后，对财经类应用型高校的含义、培养目标以及预算管理特点进行阐述，为后续研究财经类应用型高校预算管理打下理论基础并指明研究方向。

第3章探讨我国财经类应用型高校预算管理现状。本章采用问卷调查法并结合理论分析，从财经类应用型高校视角，选择在我国财经类应用型高校中具有代表性的公立高校为样本，采用多样本问卷调查和典型实地调研相结合的方法，分析我国公立财经类应用型高校预算管理的现状。调研结果显示，我国一些财经类应用型高校预算管理存在着预算管理体系不健全、预算编制不科学、预算执行控制不到位、预算考核评价弱化等问题。

第4章探讨我国财经类应用型高校预算管理存在的问题及原因。本章采用案例分析法，首先对A财经类应用型高校进行简要介绍；其次重点阐述A财经类应用型高校预算管理的应用情况，包括A财经类应用型高校目前的财务管理体制、全面预算管理体系的构建、预算的编制程序及方法、预算的执行控制以及预算的考评等方面；最后，对A财经类应用型高校预算管理应用存在的问题及原因进行深入分析和总结，具体包括预算管理体系不健全、预算编制不科学、预算执行监控不得力和预算考核机制不完善等方面。

第 5 章为国内外高校预算管理经验借鉴与启示。"他山之石，可以攻玉"，针对我国财经类应用型高校预算管理过程中存在的问题，本着虚心学习的态度，笔者通过查阅资料、走访、电话、网络等形式深入了解国外高校与国内除 A 财经类应用型高校之外的其他财经类应用型高校的预算管理实施情况，期望通过借鉴国外高校的预算管理经验，在国内财经类应用型高校之间互通有无，优势互补，共享某些成功经验，为完善我国财经类应用型高校预算管理带来启示。

第 6 章为完善我国财经类应用型高校预算管理的措施建议。针对我国财经类应用型高校预算管理过程中存在的问题，在借鉴国内外有关高等学校预算管理的研究成果以及成功经验的基础上，运用相关理论和方法，结合我国财经类应用型高校的实际情况和发展要求，从预算管理体制、预算编制、预算执行控制和预算绩效评价等四个方面提出优化措施：①深化全面预算管理观念，健全预算管理体系；②合理确定预算目标，科学选择预算编制方法；③强化预算监控力度，确保预算执行到位；④完善预算考核机制，充分调动教职工的工作积极性。

第 7 章为结论与展望。首先对本书的研究过程和研究结论做简要回顾，其次在指出本书研究局限性的基础上确定未来进一步研究的方向。

目 录

第1章 概 论 ……………………………………（ 1 ）
  1.1 选题背景和意义 ………………………………（ 1 ）
  1.2 国内外研究现状 ………………………………（ 4 ）
  1.3 研究思路和研究方法 …………………………（ 15 ）
  1.4 研究内容和主要创新点 ………………………（ 17 ）

第2章 概念界定与理论基础 ……………………（ 20 ）
  2.1 预算管理内涵 …………………………………（ 20 ）
  2.2 预算管理相关理论 ……………………………（ 21 ）
  2.3 高校预算管理概述 ……………………………（ 27 ）
  2.4 财经类应用型高校预算管理概述 ……………（ 34 ）

第3章 财经类应用型高校预算管理现状 ………（ 37 ）
  3.1 预算管理机制方面现状 ………………………（ 39 ）
  3.2 预算目标设定及编制方面现状 ………………（ 42 ）
  3.3 预算执行与控制方面现状 ……………………（ 46 ）
  3.4 预算绩效考核方面现状 ………………………（ 50 ）

第4章 财经类应用型高校预算管理存在的问题及原因
……………………………………………………（ 53 ）
  4.1 A财经类应用型高校简介 ……………………（ 53 ）

4.2　A财经类应用型高校预算管理现状 ………………（55）
4.3　A财经类应用型高校预算管理存在问题及原因
　　………………………………………………………（61）

第5章　国内外高校预算管理经验借鉴与启示……………（70）
5.1　国外高校预算管理经验与启示 ……………………（70）
5.2　国内财经类应用型高校预算管理调研及经验总结
　　………………………………………………………（75）

第6章　完善财经类应用型高校预算管理的措施建议……（79）
6.1　深化全面预算管理观念，健全预算管理体系 ……（79）
6.2　合理确定预算目标，科学选择预算编制方法 ……（84）
6.3　强化预算监控力度，确保预算执行到位 ………（105）
6.4　完善预算考核机制，充分调动教职工的工作积极性
　　………………………………………………………（108）

第7章　结论与展望…………………………………………（113）
7.1　研究的主要结论 …………………………………（113）
7.2　研究的主要不足以及未来展望 …………………（114）

参考文献………………………………………………………（117）

附录　财经类应用型高校预算管理现状调查问卷…………（123）

后　　记………………………………………………………（132）

第1章 概　论

1.1 选题背景和意义

1.1.1 选题背景

培养财经类应用型人才的高等教育，对一国经济的发展有着比基础教育更强的直接推动作用。尤其在国家大力发展经济的浪潮下，各财经类应用型高校的招生规模也相应在不断扩大。

2014年以后，部分地方普通本科院校应教育部要求开始逐步向应用型大学转变，根据各方面发展的实际情况以及发展需要，在进行教育教学的过程中，对各个环节进行有机的调整，进而更加贴近实际情况，以解决大学生就业难和企业招人难的结构性矛盾。这些高校在转型升级的过程中，教育成本持续上升，教育支出也在大幅增加，资金缺乏的问题较为突出。就财经类应用型高校而言，其人才培养方式有着显著的区别于其他专业培养的特点，其实践性教育投入突出。如何使其在迅猛发展的过程中避免出现各种资金管理问题，用活、用好资金，实现成本效益的最大化，使之适应国家培养财经类应用型人才的要求，关系到当前我国财经类应用型高校能否实现健康发展，进而推动我国国民经济的进一步发展。而现阶段我国一些财经类应用型高校预算管理存在着预算管理体系不健全、预算编制不科学、预算执行控制不

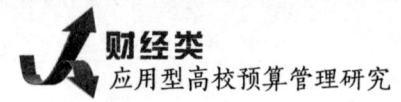

到位、预算考核评价弱化等问题①。在这种情况下,资金预算管理的地位和作用进一步凸显,从高等教育管理的边缘逐渐走向高等教育管理的核心,目的是让学校方面的财务能够更好地达到平衡的水平,有效维护各方面的利益,进而在此基础上对学校方面所拥有的资金进行更加合理的规划。

与此同时,我国财政部近年来在大力倡导企事业单位"财务转型",要求企事业单位财务工作重心从"财务会计"转型为"管理会计"。预算管理作为管理会计的重要内容,是高校财务管理工作中非常重要的一环,也一直是理论界和实务界关注的热点。2014年8月31日,十二届全国人大常委会第十次会议表决通过了关于修改《中华人民共和国预算法》(以下简称《预算法》)的决定,完成了20年来的首次大修,修改的新《预算法》自2015年1月1日起开始施行。2014年10月27日,财政部制定发布的《关于全面推进管理会计体系建设的指导意见》指出"推进预算绩效管理,建立事业单位法人治理结构,已经成为行政事业单位的内在要求"。2016年6月22日财政部发布的《管理会计基本指引》再次强调,加强预算管理是提升行政事业单位内部管理水平的重要工具,并于2018年12月27日在《管理会计应用指引第803号——行政事业单位》中指出行政事业单位强化预算管理应遵循《管理会计应用指引第200号……预算管理》等相关指引的要求。

由此,对财经类应用型高校的预算管理进行新的研究既是我国企事业单位管理改革的需要,更是加强财经类应用型高校自身发展的需要。

---

① 付桂彦、陈亚楠:《基于财务信息系统的高校预算管理应用浅探》,《财会通讯》,2016年第13期,第121~122页。

1.1.2 选题意义

1. 理论意义

以往研究表明，预算管理的确在优化高校资源配置进而提升高校财务管理水平方面发挥着重要作用。而且，国内外学者针对高校预算管理体制、预算编制程序、预算执行控制以及绩效评价等方面也有着丰富的研究成果。但是，现有的研究大多把高等院校作为一个整体来探讨，而针对财经类应用型高校预算管理方面的研究相对缺乏。而财经类应用型高校预算管理有着显著的区别于其他专业的特点，尤其在当前我国高等教育向应用型转变以及财政部要求企事业单位"财务转型"的背景下，将财经类应用型高校预算管理作为研究对象，对完善新形势下高校预算管理研究具有一定的理论意义。

2. 现实意义

本选题旨在为我国财经类应用型高校预算管理实践提供一定的借鉴。

首先，《预算法》的实施，标志着我国预算管理工作进入了法制轨道。2015年1月1日起施行的新《预算法》对进一步规范高等学校的财政预算制度又提出了新的要求。在国家政策与法规不断出台的背景下，财经类应用型高校急需制定出一套完善的全面预算管理体系，改变原有的指令性管理模式，强化收支活动的预算监控，保证学校预算资金的合理有效使用，进而推动财经类应用型高校健康快速发展。

其次，目前我国高等教育已经趋向了多元化，财经类应用型高校需要科学的预算管理工作模式来引导学校强化内部管理，由此不仅可提高学校在市场经济中的生存能力，还可以带动高校科研水平、教学质量等方面的提高进而在竞争中脱颖而出[①]。

再次，财经类应用型高校预算管理与其他高等学校相比有其特殊性，对其项目预算管理有着更高的要求。而综观国内外研究发现，尽管预算管理一直是企业界和教育界研究的热点，但针对财经类应用型高校的预算管理研究相对缺乏。

由此，本书以财经类应用型高校为研究对象，在分析财经类应用型高校预算管理特点的基础上，运用相关理论知识并结合对我国财经类应用型高校预算管理的问卷调查，深入分析和研究我国财经类应用型高校预算管理的现状和存在的问题，同时借鉴国内外应用型高校预算管理先进经验，对我国财经类应用型高校预算管理的优化提出相应的措施。这对改进我国财经类应用型高校预算管理工作实践，提升财经类应用型高校内部管理水平具有重要的现实意义。

1.2 国内外研究现状

1.2.1 国外研究现状

国外多数的高校发展历程比较早，又由于西方多数国家对于教育方面的重视度比较高，所以在教育经费方面的预算问题也极为重视，由此实施高校预算管理的时间也相对比较长。从最开始的国家预算，过渡至费用控制预算，再演变成如今的作业成本法、EVA、平衡计分卡、战略地图等多样化的创新方法，如此之多的创新型研究方法为预算管理带来了巨大的变革。近年来，高等教育在世界上许多国家已经被列为教育发展的重点，各国不

---

① 石松：《我国高等职业院校预算管理研究》，首都经济贸易大学，2011年，第2页。

断加大对高等学校的教育投入，高等学校预算管理也由此成了专家学者们的研究热点问题。

1. 高校预算管理模式及制度方面的研究

随着时代的发展，越来越多的高校希望能够对自有的预算管理体系进行改进，打破政府投资为主的资金管理模式，从而让学校在资金用途方面拥有更大的自主权，得到更好的发展。F. Modigliani（1958）提出：以往仅仅依靠政府下放款项的模式现如今已经逐渐失去原有的效果，随着社会的前进，整体的经济环境也在变动，高校在进行财务活动的过程中，应该掌握好时间与资金价值之间的相互联系，并根据市场经济环境对风险进行估量，从而增强高校的经济实力。M. Miller（1963）也认为：高校在筹集资金的过程中应该充分结合自身的发展优势，一方面要尽力争取到上级财政部门的大力支持，另一方面也要自己主动地去拓展一些新的资金渠道，形成多元化的筹资办学局面。虽然学校拥有自主使用资金的权利，但是这并不代表学校就可以随心所欲地使用，资金使用过程中的风险及责任也需要学校承担起来。Schick（1985）将行政视角、预算结构和预算过程的开放性加入高校预算的概念中，丰富了高校预算的内涵。Carl R. Borgia、Randolph S. Coyer（1996）针对美国高校实施的绩效预算管理改革，在肯定改革取得成功的同时也指出其存在的不足。Robin Naylor、Jeremy Smith、Abigail McKnight（2004）等针对英国高校实施的绩效预算管理体系，运用统计学原理进行实证研究，在指出存在问题的同时也提出相应的优化措施。Robert、Steven（2004）认为，预算根本是无法满足需求的，因为预算是有限的而需求是无限的，所以如何运用政策将预算科学地在某一段期间内合理使用是研究预算管理课题的关键所在。Steven（2004）认为预算是控制科学和政府计划的结合。HEFCF（2010）则做出了规定,学校在使用资金的过程当中必须提供实施计划的运作方式、保证计划的可行性,同时也需要对股东负责。这就要求学校的资金使用计划必须公开透明。在高校的预算管理过程中,只有管理制度科学合理才能顺利地开展预算工作。Raudla、Karo (2015) 从理论和实证两个方面探讨了基于项目的研究经费对公立大学预算和财务管理的影响,指出基于项目的研究经费带来了收入波动、收入来源分散、交易成本高、协调问题、财务管理的高度复杂性、确保现金流的困难以及支付间接成本方面的问题的挑战,为高校项目管理提供了借鉴意义。

2. 高校预算编制及流程方面的研究

预算编制是高校预算管理中重要的一环。Govindarajun、Anthony (1998) 从预算编制着手,动员全校教职人员积极配合预算编制工作,其中教职人员的日常也应视为预算编制的基础。Berman Evan (2000) 认为编制方法的选择是预算管理的基础,编制方法一定要客观。他反对参考历史数据,认为要以本年度学校的发展目标为根据来编制。Margaret Goon (2001) 等人则针对高校预算管理工作模式进行创新,在进行预算管理活动中结合高校的发展战略,达到顺利实现高校战略的目的。Ginger (2009) 认为预算管理对高校的长远发展意义重大,高校预算应当首先保证高校重点项目的推进与实施,在进行预算编制时,建立相应的责任机制,减轻资源配置的不合理问题,并概述了明尼苏达州立大学系统使用的"分配框架"的发展情况。Seal (2011) 的研究表明,在运用控制变量法的基础上,高校在预算编制过程中应当充分考虑预算期间,保证长期计划与短期计划的一致性。Galmer (2014) 则指出虽然现在预算编制还是以增量预算为主,但诸如零基预算、预算编制系统和责任中心预算都逐渐开始被广泛应用。Druzdzel、Kalagnanam (2018) 基于某大学财务工作的知识和理论考虑,将支出和收入与教学和科研业务联系起来,为其开发了一个绩效预算规划模型。此外,国外学者还提出了超越预算、预算松弛等理论和方法。西方在长期的研究和实践中,总结和提出了很多预算编制方法,比如希尔顿提出的零基预算、哈佛教授提出的平衡记分卡等被广泛应用于预算管理。

3. 高校预算执行与控制方面的研究

预算执行与控制是高校预算管理流程的重要组成部分。只要预算执行高效得当,预算管理就能发挥应有的作用。E. Fama(1990)提出:如果在预算的执行过程中不对其进行控制,对于预算执行完成后的情况也不及时进行评价,那么这就仅仅是表面上的预算,并没有什么实质性的意义。因此,高校的财务部门需要对资金活动的费用支出进行严密的监管控制,对于其中存在的一些超预算甚至无预算的情况要明确拒绝,将预算执行的结果定期公开,保证年度预算能够顺利完成。David Otley(1999)表明,想要将高校预算执行得当,最为理想的方法就是执行全面预算。他认为在高校的发展过程中,如果想要发现那些比较关键、影响力较大的问题,并在管理体系中将这些问题统一解决,那么就必须实施全面预算;只有在全面预算的管理过程当中,高校财务管理状况才能够有效提升。Robert M. May、Stuart C. Sarsen(1999)提出:高校在开展资金活动的过程当中,也需要多加关注成本核算这一方面。在对国外大学的各项科研成本进行分析后,可以得出一项结论,就是在对高校进行预算管理的过程当中,对于高校的成本也需要进行严格把控,这样高校在进行资金管理的过程当中,能够促使利益最大化,同时也能够获得更好的资源配置模式。Beech(2008)的研究发现,相对于中世纪时期的大学,现在的大学在经费的构成方面已经发生了较大的改变。中世纪时期的大学经费完全依靠教会的补助,而现在的大学还可以争取到社会团体和政府方面的资金补贴。经费来源的多元化加大了学校对经费使用的重视程度，因此，预算控制在高校内部控制中的作用也变得更加重要，高校不仅应当加大对预算的重视程度，还应严格按照预算的相关规定进行经费的收支管理。Zierdt Ginger（2016）等人首先论述了权责对于预算管理有重要作用，在预算过程中建立权责机制，明确负责对象，既可以提高组织内部人员执行的效率也可以减少预算实施过程中存在的浪费行为；其次提出高校预算应对稀缺资源给予一定的重视并节约使用。Helden、Northcott（2013）研究了预算管理与管理会计之间的关系，并通过实证的方式，对两者的相关性进行了探究。Rogulenko（2016）的研究表明，建立一个有效的组织管理活动及控制收入和支出的有效工具是制定和实施相关预算制度的主要目的。

4. 高校预算绩效考核方面的研究

完善的绩效评价体系是衡量高校预算管理是否有效的关键环节。Whalen（1991）提出了预算责任中心的建立对于高校的必要性，以及在高校实际预算工作中应该对哪些问题进行注重。Berman、Wang（2000）认为预算管理出现问题完全是因为预算评价的缺失，所以应健全预算评价体系，完善评价指标，并且该体系要完全贯穿整个研究流程之中。Massimiliano（2004）运用实证的科学方法，考察并研究英联邦所属高校的绩效考评工作，基于研究分析结果，提出了相应的改进方法。Bratti（2004）的研究在运用实证分析方法的基础上，针对预算评价指标的选取、权重的设计等问题，对美国大学的预算评价指标体系进行研究，并结合美国大学的相关属性提出实施建议。Kong（2005）通过实地考察法，首先对美国多个自治州进行调研，并对绩效考核效果进行实际的调查；其次分析预算实施过程中的绩效考核问题；

最后得出结论,即预算绩效考核对美国现行自治州预算管理有着重要作用,通过预算绩效考核,提升预算效果。Helden（2010）的研究是关于高校预算管理成效的影响因素。他在运用管理会计的相关理论基础上,将研究中的影响因素运用到实际的案例中,最终得出的结论具有较高的信服度。Joyce（2014）也研究了绩效评价相对于预算活动的重要性,通过优化改良绩效评价的方式使得预算更具有计划性,来强化预算管理的效果。

1.2.2 国内研究现状

在我国有关高等学校预算管理新制度新法规层出不穷的背景下,专家学者们针对高等学校预算管理的研究也是热情高涨。他们在预算管理体制、预算编制程序、预算执行控制和绩效评价等方面有着丰硕的研究成果,主要有以下代表性的观点。

1. 高校预算管理制度方面的研究

从行政事业单位视角来说,王丽萍、郭岚、张勇（2008）以事业单位如何构建绩效预算体系为角度,对指导非营利单位如何高效利用预算去约束资金,实现提升事业组织管理水平进行了系统性的研究。刘春（2010）从1994年3月12日颁布的《预算法》入手,放眼发展中国家预算改革适用制度的研究,提出我国预算制度应建设一种新的模式,即通过结合多种制度供给模式规范处理的方式,从而实现高校预算管理的目标。吕德铭（2017）通过探析我国政府预算管理体系改革监管重点,提出需要从政府预算体系独立性、完整性和预算之间的统筹性衔接三方面入手,严格监管预算执行,完善政府预算体系。赵善庆（2017）的关注点放在了预算管理流程上,他认为需要对我国政府预算管理改革所产生的问题进行透彻的研究和分析。从高校角度出发也有许多学者研究,如郭银清（2006）选择对高校改善预算管理制度建设

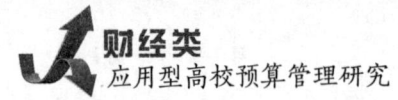

进行了系统研究,认为高校应该从自身实际情况出发,建立相应的预算制度,为自身发展打下良好基础。姜竹、戴沁轩(2015)着眼于战略角度去构建预算管理体系。他们在研究中详细地阐释了高校预算管理的问题及产生的原因,基于战略方向构建起对应的预算管理体系。郝孝金(2012)着眼全局,系统论述了当今复杂环境下怎样构建全面预算管理体系。何咏莲(2013)提出,要完善高校预算管理的外部宏观政策、法规,就要健全高校管理体制与组织结构,强化高校预算管理组织体系,革新预算管理理念,运用预算方法建立和健全高校预算信息系统。王倩倩(2014)认为,预算管理是高校实现资源优化配置和资源效用最大化的有效手段,预算管理的好坏直接影响到高校财务状况及长远发展。刘从兵(2015)提出了多项针对高校预算管理的制度,如预算考评制度、"三上三下"制度、公示制度、专家论证制度和滚动预算制度等,这些制度对于全面提升我国高校预算管理水平有着积极的参考价值。董晓燕(2016)另辟蹊径选择现代大学制度下的高校为方向进行了研究,从预算管理原则、体制、方法、目标等方面做了全方位重点介绍。刘雅荣、肖云峰(2016)等从完善高等学校预算管理制度的角度,提出对于部门预算改革在有些方面不能满足高等学校预算管理要求,财政部门预算与高校综合预算不协调,由于"所有者缺位"等问题,目前高校财政拨款模式无法满足高校事业发展的要求等。因此,建议改革现有部门预算制度以适应高等学校预算管理发展的需要。高磊(2018)觉得制定良好的预算管理制度是实现高校良好运行预算管理的关键。预算管理制度可以整体地把控财务预算执行的秩序,确保预算的合理开展,使预算资金的使用有据可依、有据可查,更在财务预算管理实施过程中有说服性,使财务监督与管理作用得到保障。通过制度的建立,将高校的经费责任落实到各职能部门和预算项目上,让财务预算管理更加清晰明了,效果也更明显。毛珮（2018）认为对于高校而言最好的财务管理首当其冲就是对预算的管理，其影响财务收支能力的可持续发展。穆晓丹（2018）在介绍高校财务预算管理的基础上，分析了新预算法实施对高校财务预算管理的要求和意义，探讨了高校财务预算管理现状和存在的问题。他认为良好和科学的预算管理，可使高校资金得到充分利用，从而提高资源配置效率，保障高校各项工作持续健康发展。因此，我国高校要建立财务预算体系首先应该建立完整的财务预算管理制度，建立一套有效的预算管理模式。

2. 高校预算编制方面的研究

完善的预算管理制度离不开科学的预算编制方法。张向东、赵振全（2012）认为，在高校预算编制过程中，应该以战略为导向，并将战略在实际管理的作用作为研究方向，运用会计工具，实施全面预算管理。仝乃礼（2018）也指出以战略为导向的高校预算管理能够在极大程度上解决高校预算管理中存在的问题，从而更好地发挥高校预算管理的作用。比如在实际工作中，我们可以看到高校的发展与实际资金分配存在一些矛盾。在高校管理中，资金计划不能准确地预测到下一阶段资金的使用情况，可能会出现实际实施过程中发现资金预算量不足，或预算过多造成资源浪费等情况。周丽辉（2015）重点研究了在高校预算编制过程中高校发展战略与预算编制的结合。王宏宇、刘雅华（2016）等从预算编制的角度，提出在出台新《预算法》的背景下，我国高校预算编制的方法、程序、校内预算与部门预算的编制口径、预算编制时间安排等方面存在着一些问题，进而影响了预算管理作用的发挥。而只有彻底改造高校预算管理流程，搭建全面预算管理体系，推进全面预算管理，才能从源头上改变高校预算编制的现状，充分发挥全面预算管理的作用。杨晓红（2017）认为，我国高校财务预算管理的模式一般是根据办学规模的大小来实行统一领导、分级管理或集中管理的预算模式。统一领导是指高校在国家财政政策、财经法规和财务制度的统一指导下,将整个高校的全部财务资金收入和费用支出作为预算管理对象,制定一套切实可行的财务收支方案统一进行资金规划与使用。集中管理是指高校在党的统一领导下,由高校集中进行预算的编制、执行、控制和评价的管理,全校财务预算统一地执行一套财务预算制度与编制规范要求,再由全校统一进行集中的会计核算处理。分级管理是指在高校财务预算管理控制制度的统一领导下,根据支出事项管理权限进行划分,将事权与财权相结合,给予二级部门相应的财务预算管理权限,形成由二级部门分级编制的管理原则。张男星(2019)也认为校预算负责人有"重分配轻使用"的问题。在编制预算时,二级机构积极争取资金,但对资金的使用和管理不够重视,特别是一些专项资金效率低下,资金浪费严重。

3. 高校预算执行与控制方面的研究

高校预算管理的关键在于能否有效执行。崔洪俊(2006)重点介绍了全面预算管理执行中重点关注的领域是什么,并阐释了执行过程遇到的问题及原因,提出了相应的优化手段,加快促进预算管理的落地实施。孙士霞、夏颖(2009)以预算控制为切入点,研究出管理实施中的问题,并针对这些问题提出有效的预算管理内部控制体系,从而解决高校预算管理中的问题。董艳梅(2013)认为高校在实施预算控制时,不仅要做好合理、详细、有效的预算编制工作,而且要把预算执行工作放在首位。没有预算的有效执行,预算仿若空谈,没有任何意义。乔春华(2013)以单位内控流程的优化为核心,通过对部门预算管理流程的梳理,发现其中存在的问题,采取优化措施,目的是建立一套行之有效的预算管理内部控制体系。在当前网络信息技术快速发展的背景下,财务信息化在提升高校财务管理水平和优化资源配置等方面已凸显其作用。由此，大量学者从信息化视角研究和探索高校预算管理的问题。付桂彦、陈亚楠（2016）及宋慧晶、孟凡斌（2012）等提出建立高校财务信息平台，强化预算管理的事中控制，建立功能齐全的预算管理信息系统，并提出以下设计思路来加强对高校预算的监控：一是原财务系统与信息化预算管理系统的对接，二是高校预算资金的追加与调控，三是预算录入与审核资金平衡功能的实现，四是资金执行情况的多方式统计与查询等。刘罡（2018）从内部控制的视角对高校预算管理进行重新审视和研究，重构了高校预算管理体系，梳理了预算管理流程，并在预算管理组织机构和运行机制、预算编制与审批、预算执行、决算、预算绩效评价等方面提出了加强管理控制的具体措施。在预算实施的初始阶段就应该意识到财务预算管理并不仅仅是财务部门的事，高校的每个二级部门都应该参与其中，因为高校日常开支的过程是各个部门都会涉及的，与全校职工都息息相关。它涉及每个二级部门的职能职责，只有大家共同参与其中才能使高校的财务预算管理更加精细化，才能达到高校推行财务预算管理的最初目的。

4. 高校预算管理绩效考评方面的研究

刘从兵（2012）、龙英（2013）等针对预算绩效评价，依据"3E 原则"，设计构建包括目标层、准则层及指标层三个层次的预算管理绩效指标体系。吴婧、陆萍、张甫香（2012）等则基于平衡计分卡理论，针对我国高校预算管理绩效评价现状，设计构建包括科研绩效维度、教学绩效维度、资源配置绩效维度、财务绩效维度及发展绩效维度五个维度的预算绩效评价考核体系。杜秦汉（2013）指出高校应将绩效预算纳入学校预算管理，从资金投入的管理转变为预算编制、实施和监控全过程的绩效管理。高校应建立健全预算绩效考核机制，将预算绩效考核与部门目标责任制紧密结合。李志情、董玲（2016）认为有效的预算评价反馈机制可以强化高校预算约束，增强员工的绩效管理意识。周金（2014）指出预算考核是对预算执行与资金使用的考核机制，其内容应包括预算执行的合法性、效益性、真实性与科学性。考核结果应与各相关部门的责任人挂钩，并根据考核结果给予相应的奖惩，以调动高校教职工参与预算管理的积极性，提高资金使用效益，推动预算管理工作的顺利进行。刘国斌、冀晶焱（2015）认为预算评估是预算执行和资金使用的评估机制，其内容应包括预算执行的合法性、有效性、真实性和科学性。评估结果应与有关部门负责人相应的奖励和惩罚挂钩，以便调动其参与预算管理的积极性，提高资金的使用效率，促进预算管理顺利进行。赵湘莲、徐艺（2018）指出一个科学、客观、合理的预算绩效评价指标体系，是高校预算绩效评价能够有效实施的基础，是控制高校财务风险、实现高校资源最优配置的关键，是高校可持续发展的前提条件。钱方明、李畅（2018）剖析了高校预算绩效评价体系构建的意义，提出若干关于构建高校预算绩效评价指标体系的意见、建议和原则。

1.2.3 国内外高校预算管理研究述评

综观国内外研究发现，学者们针对高校预算管理的研究，无论是在理论方面还是在预算管理体制、预算编制程序、预算执行控制以及绩效评价等实践方面都还是比较全面的。尤其是在当前网络信息技术水平较高的大数据时代，预算管理信息系统的应用对实现预算管理优化配置高校资源进而提升财务管理水平方面发挥着重要作用。这些均为本书的后续研究提供了坚实的理论基础和丰富的相关研究资料。但是，现有的研究大多是把高等学校作为一个整体来探讨，而针对财经类应用型高校预算管理方面的研究相对缺乏。

1.3 研究思路和研究方法

1.3.1 研究思路

本书首先对高等学校预算管理理论以及国内外相关研究文献进行归纳总结，目的在于为研究提供理论基础和方向；其次，对我国财经类应用型高校预算管理现状进行问卷调查，并以 A 财经类应用型高校为例，结合财经类应用型高校预算管理的特点，深入分析和研究我国财经类应用型高校预算管理存在的问题及产生的原因；最后，在借鉴国内外有关高等学校预算管理的研究成果以及成功经验的基础上，运用相关理论和方法，结合我国财经类应用型高校的实际情况和发展要求，针对我国财经类应用型高校预算管理存在的问题，从预算管理体制、预算编制、预算执行控制及预算绩效评价四个方面提出优化措施，期望这些应对措施能够为我国财经类应用型高校的预算管理优化设计提供一些有实践意义的参考。

本书的逻辑路线如图 1-1 所示。

1.3.2 研究方法

1. 文献研究法

广泛搜集国内外期刊论文、专著、研究报告等各类相关资料，并进行分类整理和阅读，深入研究预算管理理论，充分了解国内外相关高校预算管理实务及最新研究成果，为深入分析研究我国财经类应用型高校当前预算管理存在的问题，并对其提出相应的优化措施打下基础。

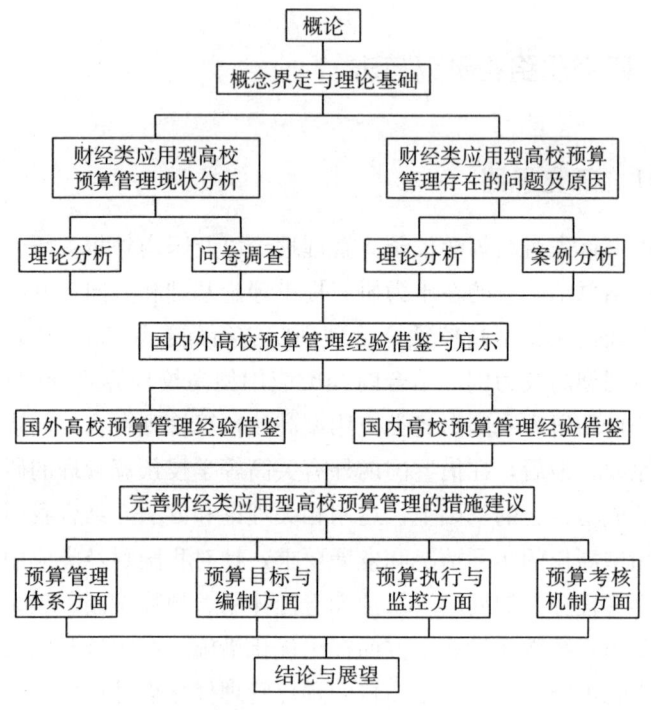

图1-1 本书逻辑路线图

2. 问卷及访问调研法

通过问卷、走访、电话、网络等形式深入了解A财经类应用型高校及国内其他财经类应用型高校的预算管理实施情况，提炼总结其在预算管理应用方面的成功经验和存在的问题。

3. 案例研究法

本书的研究以A财经类应用型高校为实例，借鉴国内外相关高校预算管理实务经验，以案例研究的形式，对我国财经类应用型高校的预算管理应用现状进行问题研究，并提出相应改进措施。

1.4 研究内容和主要创新点

1.4.1 研究内容

依据上述研究思路,本书拟分为以下七个部分:

第1章为概论,阐述本书的选题背景与意义、国内外研究现状、研究思路及方法、研究内容及结构安排,概述本书的主要创新点。

第2章为概念界定与理论基础。本章首先介绍预算概念、预算管理发展历程以及相关理论基础。其次,介绍高校预算管理的内涵、特点、方法以及我国高校预算管理制度沿革。最后,对财经类应用型高校的含义、培养目标以及预算管理特点进行阐述,为后续研究财经类应用型高校预算管理打下理论基础并指明研究方向。

第3章探讨我国财经类应用型高校预算管理现状。本章采用问卷调查法并结合理论分析,从财经类应用型高校视角,选择在我国财经类应用型高校中具有代表性的公立高校为样本,采用多样本问卷调查和典型实地调研相结合的方法,分析我国公立财经类应用型高校预算管理的现状。调研结果显示,我国一些财经类应用型高校预算管理存在着预算管理体系不健全、预算编制不科学、预算执行控制不到位、预算考核评价弱化等问题。

第4章探讨我国财经类应用型高校预算管理存在的问题及原因。本章采用案例分析法,首先对A财经类应用型高校进行简要介绍;其次重点阐述A财经类应用型高校预算管理的应用情况,包括A财经类应用型高校目前的财务管理体制、全面预算管理体系的构建、预算的编制程序及方法、预算的执行控制以及预算的考评等方面;最后,对A财经类应用型高校预算管理应

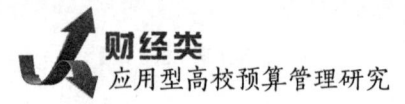

用存在的问题及原因进行深入分析和总结,具体包括预算管理体系不健全、预算编制不科学、预算执行监控不得力和预算考核机制不完善等方面。

第5章为国内外高校预算管理经验借鉴与启示。"他山之石,可以攻玉",针对我国财经类应用型高校预算管理过程中存在的问题,本着虚心学习的态度,笔者通过查阅资料、走访、电话、网络等形式深入了解国外高校与国内除A财经类应用型高校之外的其他财经类应用型高校的预算管理实施情况,期望通过借鉴国外高校的预算管理经验,在国内财经类应用型高校之间互通有无,优势互补,共享某些成功经验,为完善我国财经类应用型高校预算管理带来启示。

第6章为完善我国财经类应用型高校预算管理的措施建议。针对我国财经类应用型高校预算管理应用过程中存在的问题,在借鉴国内外有关高等学校预算管理的研究成果以及成功经验的基础上,运用相关理论和方法,结合我国财经类应用型高校的实际情况和发展要求,从预算管理体制、预算编制、预算执行控制和预算绩效评价等四个方面提出优化措施:①深化全面预算管理观念,健全预算管理体系;②合理确定预算目标,科学选择预算编制方法;③强化预算监控力度,确保预算执行到位;④完善预算考核机制,充分调动教职工的工作积极性。

第7章为结论与展望。首先对本书的研究过程和研究结论做简要回顾,其次在指出本书研究局限性的基础上确定未来进一步研究的方向。

1.4.2 主要创新点

本书在继承前人研究的基础上,对财经类应用型高校预算管理应用中存在的问题进行研究,研究的创新主要体现在:

在国内外有关财经类应用型高校预算管理研究相对缺乏的情

况下，本书研究视角立足于财经类应用型高校，在分析财经类应用型高校预算管理特点的基础上，研究财经类应用型高校预算管理的现状和存在的问题。并以 A 财经类应用型高校为实例，运用相关理论知识和借鉴国内外相关高校预算管理的成功经验，针对我国财经类应用型高校预算管理中存在的问题提出相应改进措施，以期对我国财经类应用型高校优化预算管理设计提供参考。

第 2 章 概念界定与理论基础

2.1 预算管理内涵

预算一词源于法文 Bougette，意思是指皮革制成的公文包[①]。《辞海》中"预算"的定义为"国家机关、团体和事业单位等对未来一定时期的收入和支出计划，有时也称个人或家庭的收支预计"。由预算的定义可以看出，预算的应用范围较广，可以应用于多个领域。

早在 18 世纪，预算管理在英美等发达国家政府部门的节约开支方面就开始发挥作用，也日益得到理论界和实务界的普遍关注。1992 年，美国学者麦西金开始对预算管理的科学性进行系统阐述。之后，预算管理在国外的发展历程大体经历了三个阶段：

阶段一：规划—计划—预算（PPBS）（20 世纪 60 年代）：在此阶段，预算的功能不断扩展，从最初的注重成本费用控制扩展为对整个组织单位资源的规划与控制，进而形成了上下结合的不断反复闭环式的预算编制形式，实现了预算执行者参与组织单

---

① 19 世纪，英国大臣在提出下年度税收岁入岁出需求数时，常在议会打开其公文包，意指下年税收预算数。参见辛勤：《全面预算管理的由来及发展》，《现代会计》，2010 年第 2 期，第 36~39 页。

位的预算管理过程。典型的公司包括杜邦化学公司、通用汽车公司等。

阶段二：零基预算（ZBBS）（20 世纪 80 年代）：它主要是针对"增量预算"的弊端（"存在就是合理"思维定式）而产生的。"零基预算"不是以现有费用水平为基础，而是一切以零为基础来考虑费用发生的必要性和金额大小，在综合平衡的基础上编制预算。零基预算的出现进一步完善了预算管理系统，使管理者关注到预算管理在分析关键决策事项和推动关键决策事项实施上的重要作用。代表性的公司是美国得克萨斯仪器公司。

阶段三：绩效预算（PB）（20 世纪 90 年代）：绩效预算最早应用于美国联邦政府总统预算办公室的支出管理。它规定各预算单位在申请经费拨款时，不仅必须明确阐述该预算所能达到目标以及相应的详细支出计划，还必须明确说明其目标绩效将如何实现客观公允的衡量。其实质是以目标为导向，以业绩评估为核心，将资源的合理分配与绩效的提高紧密结合。绩效预算进一步扩展了预算管理的内涵和外延，使预算兼具了沟通协调、资源优化配置、绩效评价与激励等多种功能，也由此进一步奠定了预算在单位内部控制系统中的核心地位。

2.2 预算管理相关理论

作为现代科学和现代管理理论基础的系统论、信息论、控制论，以及委托代理理论和人力资本激励理论等，为预算管理提供了坚实的理论基础。

2.2.1 系统论

系统论是 20 世纪 20 年代美籍奥地利生物学家 Ludwig von Bertalanffy 创立的，其核心是如何依据系统的本质属性使系统最优化。而预算管理系统的构建与该理论强调的系统整体性、关联性以及层次性相契合。

(1) 就系统的整体性而言,预算管理本身就是一个由若干阶段组成的可操作系统。从预算的编制、执行控制、分析纠偏到绩效考核,都应该整体考虑,全员共同参与并制定相应的规范流程。如果没有整体性观念,预算管理工作仅仅局限于某一部门(比如财务部门)或少数部门,则预算的资源整合及优化配置作用就不会明显,难以实现"1+1>2"的整体效能。

(2) 就系统的关联性而言,单位综合预算由各个专项预算组成。而只有在每年下达预算目标时,实现各个部门之间的充分沟通与协调,并使其各司其职,明确在整个预算管理系统中的地位与作用,才能真正实现预算管理系统优化配置资源的作用。

(3) 就系统的层次性而言,其强调任何一个系统都是由若干个子系统组成的,而该系统又是更大系统的子系统。由此,在研究复杂系统时必须考虑系统与上下左右关系。就预算管理系统而言,不同的单位面临着不同的内外部环境,只有弄清楚内外部环境各因素之间的关系以及各因素是如何影响预算管理系统的,才能有效地运用预算管理系统并使其作用得以发挥。

2.2.2 信息论

信息论是 20 世纪 40 年代美国数学家、通信工程师 C. E. Shannon、Warren Weaver 创立的。随着信息技术的发展,该理论强调的信息量、信息传递、信息反馈以及信息处理等在管理科学领域发挥着越来越重要的作用。

就预算管理系统而言,它不仅要对组织单位的内外部环境因素以及相关管理活动等过去信息加以分析,还需要对组织单位的未来信息加以预测。而且,从预算的编制、执行、分析到考核,就是一个信息传递、反馈以及决策支持的过程。由此,信息质量的高低在预算管理过程中就显得非常重要。而如何规范预算管理过程中故意歪曲预算信息的行为是预算管理实践必须解决的重要问题。

2.2.3 控制论

控制论是 20 世纪 40 年代美国数学家 Norbert Wiener 创立的。控制论一经产生,就迅速渗透到自然科学和社会科学领域。控制论揭示了管理活动和控制过程的统一,即通过信息传递、加工处理和反馈来进行控制。

就预算管理系统而言,从预算的编制、执行、分析到考核,实质上就是把预算目标在组织单位各层级人员之间逐级传递,通过规范他们的行为,优化资源配置,进而实现预算目标。确切地讲,预算编制过程强调信息沟通,是在分析单位内外部环境因素的基础上,全面认识单位自身资源和能力的过程。而预算在执行过程中的分析和考核,就是对预算执行结果的及时反馈,通过决策来调节和控制预算与实际执行情况的差异,以保证预算目标的实现,滚动预算正是体现了控制论的这一思想。

2.2.4 委托代理理论

在 Berle、Means(1932)明确提出"所有权和经营权相分离"的命题和 Coase(1937)对企业的性质做出系统的论述之后[1],现代企业中由于两权分离产生的与经营者激励相关的代理问题,一直是学者们持续探讨的话题。

现代公司制的一个重要特征是企业所有权和经营权相分离,在所有者(委托人)和经营者(代理人)之间形成了一系列的委

---

[1] Coase R H: The firm, the market and the law, University of Chicago Press, 1937.

托代理关系。由于委托人和代理人之间存在利益冲突和严重的信息不对称，经营者掌握更多的信息，具有信息优势，委托人无法准确知晓代理人的行动。经营者具有的信息优势就体现在他们与股东签约谈判的前后。在签约前，他们更了解自己的才能，签约后他们也更清楚自己的工作努力程度。显然，两权分离带来分工收益的同时，也带来了代理成本，因而就产生了委托代理问题。信息不对称会产生代理问题，以及由此导致道德风险和逆向选择问题[1]。这也为预算管理提供了理论依据。委托代理问题主要有四种类型，包括努力问题、期限问题、不同风险偏好问题以及资产使用问题[2]。

努力问题是指与所有者（委托人）期望努力相比，经营者（代理人）努力程度较低而产生的。经营者在做出工作决策时，必然要权衡工作获取的收益和因此带来的机会成本。Jensen、Meckling（1976）证明，管理层与公司股东的利益关系越紧密，其工作越努力，从而为股东包括自身带来的价值越大。在预算管理中，战略目标和预算目标由所有者和经营者共同制定，在一定程度上可以化解所有者和经营者的利益冲突问题。

期限问题是指由于委托人和代理人对收益获取期限的认识不同而产生的。当公司运作时间相当长时，所有者所关心的是未来较长时间内投资带来的现金流增加，而通常情况下，因为投资的成本由现任经营者承担，而收益则主要由继任经营者享用，因此经营者在其任期内倾向于投资那些能够带来较多短期收益的项目，而对于那些对增加股东财富有益但投资期限长的项目，由于其投资期限通常较长，带来较多短期收益的可能性很小，经营者

---

[1] 吴易风：《西方经济学》，中国人民大学出版社，1998年。
[2] 张培荣：《现代企业制度下的最优股权激励契约设计》，华东师范大学，2003年。

往往不愿投资于这些投资项目,由此背离股东的目标。在预算管理中,预算是实施企业战略目标的途径,而且战略目标是由所有者审批的,由此,预算管理的加强可以在一定程度上避免经营者在经营管理中的短期行为倾向。

不同风险偏好问题是由代理人对风险认可程度与委托人有较大差异而产生的。当公司陷入财务困境或破产时,经营者的声誉受到极大影响,在劳动市场上再就业时的讨价还价能力大减,其价值随之而降低。而当经营者的努力使得公司业绩得到大幅度提升时,在经营者收入固定或波动不大的情况下,经营者得到的相应报酬并不高,因此经营者在投资决策时往往从自身的风险偏好出发,选择那些风险较小的项目,而尽量避免那些风险较大的项目。较小的项目虽然不能为公司带来较大幅度的现金流增加,但却也不至于带来公司现金流的迅速下滑,较小幅度的平稳增长使得经营者保持自身的职位,但对股东财富的迅速增加非常不利。在预算管理中,加强预算考核与激励可以在一定程度上避免经营者在经营管理中的低风险偏好倾向。

资产使用问题是由于代理人滥用委托人资产而引起的。经营者的在职消费,如购置豪华的办公设备、豪华汽车可吸引优秀的经营者,如果这种消费超越一定的度,则对公司股东价值产生负面影响。此外,结合经营者厌恶风险的特性使其更愿意在多个行业或部门进行与主营业务不相关的多元化投资。多行业投资一方面使得经营者利用股东资金拓展企业的经营范围,营造繁杂的经营模式来满足其对在职声誉的渴望;另一方面还可以减少在单个行业投资时所面临的特殊行业风险。然而,实证研究表明公司多元化并不一定能增加股东财富[1],这种投资与股东的根本利益有

---

[1] 朱江:《我国上市公司的多元化战略和经营业绩》,《经济研究》,1999年第11期,第20页。

可能背道而驰。由此，作为强调资源优化配置的预算管理，可以在一定程度上避免经营者在经营管理中的资源低效问题。

2.2.5 人力资本与激励理论

西方人力资本理论的发展经历了从萌芽、发展到成熟的历程。亚当·斯密的《国富论》被学术界公认为人力资本理论的起源，开始了人力资本理论的萌芽。此后，经济学家萨伊、穆勒、马歇尔等人从不同角度发展了人力资本理论，论证了人力资本在生产中的主体地位和价值创造的作用。20 世纪 60 年代，经济学家舒尔茨、贝克尔等人提出了较为完整的人力资本理论体系，建立了现代人力资本理论。舒尔茨使用人力资本的概念，分析了战后发达国家经济增长的原因，结果表明人力资本在经济增长中能起决定作用。此外，罗默、卢卡斯等将人力资本引入经济增长模型中，进一步凸现了人力资本的价值。

中国经济学家周其仁（1996）、杨瑞龙（1997）、方竹兰（2003）等从产权的角度研究人力资本。他们通过研究企业理论发现产权在企业理论研究中的运用还不够彻底，存在一个重要的缺憾，这就是缺乏对人力资本产权的承认和规定。西方发达资本主义国家在"经理革命"之后至知识经济的兴起，对经理的作用给予了越来越高的重视。随着科技的不断发展，市场规模的日益扩大，经理在企业生产率提高中的作用显得日益重要，经理作为特殊专用性的人力资本的拥有者与物质资本相比更具稀缺性。目前，经理事实上已拥有部分剩余索取权，已到了在理论上确立人力资本产权地位的时候了。

由此，人力资本理论正是从人自身的角度出发，指出人的才能本身也是能产生投资收益的资本，尤其是人力资本产权论，更是为经营者获得企业的剩余索取权或者说是股权奠定了理论基础和法权地位。因此对于解决企业委托代理问题的预算管理研究，需要结合人力资本理论进行全面分析。

如果说人力资本理论要解决的是实施激励的前提条件和为什么要实施激励的问题，那么激励理论则是从人的心理角度和个体行为角度讨论人们对激励的需求，即从人的需要层次、工作动机和目的等方面来考虑如何激发人们的工作热情和积极性。典型的理论有 A. Maslow（1943）的需求层次论、F. Herzberg（1959）的双因素理论、C. Alderfer（1972）的 ERG 理论、V. H. Vroom 的期望理论。

激励理论最初是针对企业的一般员工的激励问题提出来的。事实证明，按照这些理论来激励不同层次的员工都能提高他们的工作积极性和努力程度，从而可以促进企业生产效率的提高。由此，结合前面阐述的委托代理理论，在预算管理中加强预算考核与激励是解决上述问题的有效途径。

2.3 高校预算管理概述

2.3.1 高校预算管理的内涵

预算的应用区分营利组织和非营利组织。不同类型的组织，其预算的目的、作用以及相关管理系统都是不同的。本书所研究的高校界定为公办高校，即非营利组织。

高校预算管理是指高等学校依据其发展战略分解的年度预算目标，编制特定年度的资金收支计划，以此作为高校资源配置和对各执行管理部门进行资金控制以及绩效考核的依据。高校预算管理是高校财务管理过程中非常重要的一环，是对高校资源进行优化配置的一个有机系统，由预算目标确定、预算编制、执行与控制、绩效评价等环节构成。

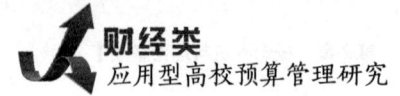

2.3.2 高校预算的治理职能

有关高校预算的治理职能,很多学者有过阐述。胡敏、卢振家(2015)指出,治理理论基础之一是资源依赖理论,其核心假设是组织需要通过获取环境中的资源来维持生存,没有组织是自给的,都要与环境进行交换,对资源不可回避的需求构成了组织对外部环境及其他组织的依赖和互动。高校预算是特定时期的高校财政财务收支计划,确定着在计划期内政府、市场等多元主体对高校以何种方式、给予多大程度的财政资源安排,是政府、市场、社会等多元主体参与高校治理的重要工具。高校预算并不是完全独立于高校治理之外、封闭运行的机制,而恰恰是"嵌入"高校治理中,从内部和外部多层次影响并建构着高校治理结构。高校预算体现并规定着政府、社会组织等外部组织在多大程度上控制着高校所必需的资源,同时划定高校治理参与者的资源配置权利边界,由此推动着高校治理中内部的行政权力对学术权力,外部的政府力量对市场力量、学术力量的建构。

张维迎博士曾指出:其实任何一个组织都有一个治理问题,学校也不例外。涉及大学治理的时候,要讨论的一个问题是:用什么样的制度安排能够保证大学的目标和理念得以实现……所以一定要通过一整套的制度安排来实现。这些制度安排就是治理结构,就是大学的治理(University Governance)……大学的治理涉及一系列问题,比如:大学的控制权究竟应该在谁的手里?是在教授手里还是在行政主管手里,是在校长手里,还是学生手里,或者是政府手里?

乔春华(2014)指出,一个高校的治理能力在很大程度上取决于它的预算能力。如果高校不能预算,你如何治理?因此,高校预算能力决定高校的治理能力,高校不能预算就不能治理。高校预算是高校治理的重要工具,是政府、市场、高校等所有利益相关者最直接的交集。当下中国，对高校治理的认识和讨论，仍基本聚焦于是"教授治校"还是"校长治校"问题上，而对高校治理重要变量资源配置的基础制度——预算，不仅理论上重视不够，在实践上也同样没有给予应有的地位，甚至认为学校预算就是财务部门的事，预算不能影响学术自治。而现实是，由于高校对财政资源越来越依赖，预算对高校治理的建构也越来越明显，撇开预算谈高校，或者弱化预算治理功能，都是不切实际的，也难以实现高校的善治。

2.3.3 高校预算管理的特点

1. 以宏观社会效益为目的

公办高等学校作为一种非营利组织，其业务运作不是以追求盈利为目的。不同非营利组织之间的预算管理有着不同的目标，公办高校预算在总体上以宏观的社会效益为目的，凸显社会公益职能。

2. 战略引导，重点突出

战略引导是指高校预算管理应当服务于既定的中长期发展战略，每年年度预算目标的下达应当依据其中长期发展战略的要求，在此基础上优化配置其资源，从而实现为社会培养专门人才的目的。而重点突出是强调高校预算管理涵盖了教学、科研、后勤等各个环节，但预算管理应分清主次，教学科研作为高校的核心工作，高校应将有限的资源向教学科研活动倾斜，重点培植，这样才可能不断提高教学科研水平，实现高校的可持续发展。

3. 量入为出，收支平衡

我国高校预算是国家财政预算的一个组成部分，具有较强的严肃性和权威性。同时，保持预算收支平衡也是高校能够实现长期稳定发展的基本要求。由此，高校预算管理要求做到收入预算坚持稳妥可靠，支出预算坚持统筹兼顾、确保重点、勤俭节约、不留缺口，实现收支平衡。

2.3.4 高校预算编制原则

第一，要坚持收入稳健原则。高等学校会计核算采取稳健原则，在编制收入预算时借助这一原则的思想，旨在核实收入，为确定支出预算打下基础，同时也避免产生赤字隐患。会计人员在处理某些不确定事项时要谨慎从事，既不高估资产或收入，又不低估负债或支出，对于可能发生的费用和损失要入账反映，对于尚未取得的收益不得估计入账。

第二，要坚持统筹兼顾原则。支出要体现出预算年度学校整体的事业目标，统筹兼顾，保证重点。高等学校在编制支出预算时，要处理好"吃饭"和"建设"的问题，在确保基本人员开支和正常运行开支的前提下，突出重点、合理安排、逐年解决事业发展支出。此外，在学校支出预算总额中还要保留适当比例的预备费（机动费），解决当年学校预算执行中出现的不可预见性开支。

第三，要坚持勤俭节约原则。要发扬艰苦奋斗、勤俭节约的优良传统和作风。学校事业的发展，计划和预算安排，必须与国家计划和学校财力相适应，切忌片面强调发展而不顾财力地铺摊子、上项目。

2.3.5 高校预算编制方法

目前，我国高校采用的预算编制方法主要包括增量预算法、复式预算法、零基预算法、概率预算法、滚动预算法等。近年来又出现了作业基础预算法和超越预算法。

1. 增量预算法

增量预算法是指在年初安排高校各部门的预算时,以上年预算为基础,结合本年度的有关影响因素进行调整从而形成本年度预算的一种方法。其优点是简便易行,也由此得到了世界各国的广泛使用。但其缺点源于"存在的就是合理的"假设,过去的浪费在下一年度不能得到有效改善。由此,增量预算法适用于在各年度之间不会出现大的波动的预算项目。

2. 复式预算法

复式预算法将高校预算支出划分为经常性支出和建设性支出。预算资金的安排是首先安排经常性支出,再将建设性项目支出按照轻重缓急的顺序进行排列,并在项目预算执行过程中,依据高校资金的宽泛程度(比如收入的增加或支出的节约等)来依次补充,既保证资金的合理使用,又突出重点。

3. 零基预算法

零基预算法是在每个预算年度开始时,学校所有的收支预算都不以过去发生的业务收支为基础,完全从"零"出发,根据年度预算目标推敲每项费用开支的必要性与合理性,并依据成本效益原则排列各项管理活动的优先次序,以此来对预算资金做出安排。其优点是能将学校有限的资源用于最需要资金支持的项目。但是,这种预算方法对预算编制人员的要求较高,而且对每一个费用开支项目进行反复论证也会使预算编制变得烦冗复杂。

4. 概率预算法

概率预算法是将数理统计方法应用于预算管理。该方法要求统计每一个项目发生的概率及其金额大小对年度预算的影响,并以此作为高校预算资金安排的依据。严格意义上来讲，这是一种相对比较科学的预算编制方法。但是，该方法对高校预算管理人员要求较高，所以一般由预算管理人员灵活运用。

5. 滚动预算法

滚动预算是基于"预算应依据事态发展不断做出调整以保持时效性和发挥其指导作用"的思路出现的一种预算编制方法，包括逐月、逐季、混合滚动等方式。该方法的优点是保持预算的完整性和连续性，以动态的观点规划高校的未来，并随时根据项目的进展情况对预算做出调整和及时纠偏，从而充分发挥预算的协调控制和"指挥棒"作用；缺点是预算工作量大。

6. 作业基础预算法

作业基础预算是在对业务单位进行价值链分析和作业成本管理的基础上，通过对业务单位预期的作业进行计划和控制，编制出满足预计的作业量和战略目标的预算。传统预算以业务成本计算系统为基础，假设成本和业务量之间存在依存关系，是以业务量为基础编制的预算，但这种预算不能反映浪费和低效的作业（非增值作业），不能提示消除浪费和低效的方法，只能揭示实际执行结果和预算值之间是否存在差异而已。而作业基础预算的目的在于向责任单位授权，为其提供预算业务量必须执行的作业（增值作业）所需要的资源。

7. 超越预算法

预算控制，有紧控制和松控制两种模式。传统的预算采取紧控制模式。其理念是为员工确定具体的短期（通常是 1 年）目标，使之工作得更有效率。控制时，管理者的业绩主要根据报告期预算目标的完成程度来评估。由此，管理者为了保护自己会寻求一些降低风险的方法,例如,报告保守性的预算数据而产生预算松弛,阻碍绩效的持续改进;操纵预算的执行结果;预算刚性不能及时适应内外部环境的变化等。而这些方法造成了内部责任部门的职能失调。

超越预算法是 21 世纪国外逐渐兴起的一种预算控制模式,与传统预算紧控制模式不同,超越预算采用的是松控制的思想,即预算主要作为财务预测和计划之用,而绩效评价则通过平衡计分卡、标杆制度、关键业绩指标等其他综合绩效评价系统来完成,最终以相对标准为基础设计激励机制,来矫正员工的行为,以促进预算目标的实现。超越预算基于两条不同原则的管理工具。一是适应性管理流程,即滚动预测,充分考虑内外部环境变化,基于内外部需求导向,按需配给资源。二是要高度分权,有效推动责任从单位中心到个体业务单位的转移,鼓励各业务单位能够做出各自的决策。

2.3.6 我国高校预算管理制度沿革

新中国成立至今,在高度重视高等教育的背景下,国家对高等教育的投入不断增加,有关高校预算管理制度也是层出不穷,总结提炼如表 2-1 所示。

表 2-1 我国高校预算管理相关制度

年度	管理制度
1950 年	政务院颁发《预算决算暂行条例》
1991 年	国务院发布《国家预算管理条例》
1994 年	第八届全国人大通过《预算法》
1997 年	财政部制定《事业单位财务规则》《事业单位会计制度》
1997 年	教育部、财政部颁布《高等学校财务制度》

续表

年度	管理制度
1998 年	教育部、财政部颁布《高等学校会计制度(试行)》
1998 年	第九届全国人民代表大会通过了《中华人民共和国高等教育法》
2000 年	财政部要求各部门统一编制部门预算
2001 年	财政部发布《财政预算国库管理制度改革方案》
2003 年	《中华人民共和国政府采购法》正式实施
2007 年	政府收支分类改革进入全面实施阶段
2012 年	《事业单位财务规则》修订
2012 年	财政部同教育部联合发布新《高等学校财务制度》
2014 年	新修订的《高等学校会计制度》开始实施
2015 年	新修订的《预算法》开始实施
2017 年	财政部《管理会计应用指引第 200 号——预算管理》
2017 年	财政部《管理会计应用指引第 201 号——滚动预算》
2018 年	财政部《管理会计应用指引第 203 号——弹性预算》
2018 年	财政部《管理会计应用指引第 204 号——作业预算》
2018 年	财政部《管理会计应用指引第 803 号——行政事业单位》

2.4 财经类应用型高校预算管理概述

2.4.1 财经类应用型高校的含义及培养目标

财经类应用型高校以财经应用能力培养为依托，与研究型或教学研究型等大学不同，其面向地方经济和社会发展的需求而设置的有关财经方面应用学科和专业，强调实践教学，注重应用能力培养，重视应用研究，促进产学研用的结合，培养党政机关、企事业等单位财经岗位需要的具有一定财经理论基础、理论应用和技术能力的应用型专业人才，同时也是服务于地方区域实际生活需要的大众教育，还是服务于丰富地方普通大众精神文化生活的教育，能够在提升地方城市品质和民众素质方面发挥重要作用。

2.4.2 财经类应用型高校预算管理的特点

财经类应用型高校预算管理与其他高等学校相比有其特殊性。首先与研究型大学相比。基于应用型高校学生的特点，应用型高校强调学生形象思维，突出动手能力，所以其教学管理中更强调实习实训的重要性，由此财经类应用型高校提出注重培养财经应用技能型人才的培养目标，其预算资金安排中有关实习实训的项目支出规划就更加突出。其次与其他类应用型高等学校相比。其他类应用型高等学校的实习实训基地建设相对标准化，比如航空类高等学校的实习实训基地建设主要采购飞机和构建机舱设施环境；机械类、纺织类等工科高等学校的实习实训基地建设主要采购机器和构建车间设施环境。而财经类应用型高校的实习实训基地建设涉及的单位多、职能部门复杂、业务范围广且需要与时俱进地更新，需要头脑风暴进行创新情境设计，大到社会，小到企业的各类职能部门都需要考虑。以 A 财经类应用型高校为例，其"财经类多专业综合实训基地"的建设规划除了要搭建企业产、供、销及人事、财务、行政管理等各职能部门的模拟环境外，还需搭建该企业与上下游企业之间的供应链条，建设模拟工商、税务、银行等社会单位，才能满足训练一个财经类应用型高校学生如何具备企业综合管理能力的需要。

在财经类应用型高校的预算管理中，由于其实习实训需要开展的项目多、内容更新快、实训场所多样化、建设难易程度较难

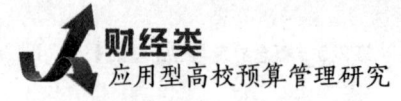

确定从而难以实现标准化、需创新设计等特点,而且实习实训项目支出在其总体预算资金中占有较大的比重,其预算资金安排更需要加强实习实训项目的必要性和可行性分析,比如,哪些项目该上?哪些项目不该进行?如果需要进行又应该如何进行经费预算的合理安排?项目预算如何进行有效执行与监控?项目绩效如何考核?这些均需周全考虑与严格论证才能保证资金的有效性。相应地,其对预算管理中有关预算管理体制、预算的编制、预算执行控制以及绩效考核等方面均会提出较高的要求。这也正是本书研究的必要性所在。

第 3 章　财经类应用型高校预算管理现状

如前文所述，高校预算管理具有较为坚实的理论基础。以往的研究表明，高校预算管理是对高校资源进行优化配置的一个有机系统。高校预算管理能力决定着高校的治理能力。而现阶段我国高等院校预算管理还存在着预算管理体系不健全、预算编制不科学、预算执行控制不到位、预算考核评价弱化等问题。现有的高校预算管理研究大多是把高等学校作为一个整体来探讨，而针对财经类应用型高校预算管理方面的研究相对缺乏。由此，本章从财经类应用型高校视角，选择在我国财经类应用型高校中具有代表性的公立高校为样本，采用多样本问卷调查和典型实地调研相结合的方法，分析我国公立财经类应用型高校预算管理的现状。

问卷调查的发放对象是负责高校预算管理工作的财务人员，共向 26 所公立财经类应用型高校发放调查问卷，并全部有效回收，回收率为 100%。样本选择的地域范围涵盖了东（5 所）、南（5 所）、西（6 所）、北（6 所）、中（4 所）全国大部分地区。问卷调查包括调研对象财务部门基础信息、预算管理机制、预算目标下达与编制、预算执行与控制、预算绩效考核、问卷填写人员信息等 6 个模块，根据每个模块的调查目的设计了相应的题项（详见附录"财经类应用型高校预算管理现状调查问卷"），为了解我国财经类应用型高校预算管理现状获取第一手数据。问卷回收后，结合问卷填写人员的年龄、学历、职位、职称以及工作年限信息分析（如表 3-1 所示），笔者认为问卷调查信息具有较强的有效性。

表 3-1 问卷填写人员信息

人员基本信息		人员数量（人）	人员比例（%）
性别	男	12	46
	女	14	54
年龄	30 岁以下	2	8
	30~50 岁	21	80
	50 岁以上	3	12
学历	大专及以下	3	12
	本科	16	61
	硕士及以上	7	27
职位	基层管理者	4	15
	中层管理者	19	73
	高层管理者	3	12
职称	初级及以下职称	2	8
	中级职称	14	54
	高级职称	10	38
工作年限	5 年以下	2	8
	5~10 年	8	31
	10 年以上	16	61
任现职年限	5 年以下	2	8
	5~10 年	14	54
	10 年以上	10	38

问卷调查的优点在于把握财经类应用型高校预算管理现状的普遍性。为了深入了解我国财经类应用型高校预算管理的实施情况，笔者认为有必要在 26 个样本的基础上选择部分典型代表开展实地调研，为进一步了解我国财经类应用型高校预算管理现状提供近距离观察的机会；与财经类应用型高校领导和财务部门负责人就关心问题做互动交流探讨，为深入财经类应用型高校层面分析预算管理问题奠定良好的基础。由此，在多样本问卷调查的基础上，笔者选择了近年来办学情况较好、国内知名度较高的 6 所财经类应用型高校开展实地调研，地域范围同样涵盖了东（1所）、南（1所）、西（2所）、北（1所）、中（1所）全国大部分地区，分别从其预算管理机制、预算目标下达与编制、预算执行与控制、预算绩效考核等方面开展实地调研（详见"5.2 国内财经类应用型高校预算管理实地调研及经验总结"）。

3.1 预算管理机制方面现状

3.1.1 财务管理体制

2007 年财政部、教育部在《关于"十一五"期间进一步加强高等学校财务管理工作的若干意见》中强调：高等学校应实行"统一领导、集中管理"的财务管理体制，规模较大的学校也可实行"统一领导、分级管理、集中核算"的财务管理体制；同时，高等学校必须确保学校财务规章制度、经济分配政策、经济资源配置、财务收支预算、会计核算等高度统一。从调查结果来看（如表 3-2 所示），58％的受调查者所在高校采用"统一领导、分级管理"的财务管理体制。但在实地调研时，受访者大多反映虽然所在学校实施了"二级管理"，但在预算管理方面没有自主权或自主权受到很大限制。

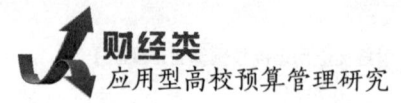

表 3-2 财经类应用型高校财务管理体制问卷统计表

财务管理体制	高校数量（家）	数量比例（%）
统一领导、集中管理	9	35
统一领导、分级管理	15	58
两者结合	2	7

3.1.2 预算管理意识

高校全面预算管理不仅贯穿高校业务活动的全过程，而且需要高校上下所有部门的共同参与、紧密配合。由此，学校领导对预算的重视程度也会直接影响预算的管理水平。从调查结果来看（如表3-3所示），70%的受调查者反映其所在高校的预算管理意识淡薄。77%的受调查者反映其所在高校只是偶尔组织预算管理专题培训。81%的受调查者反映高校不会定期召开预算管理专题会议。92%的高校不会征集广大教职员工对学校预算管理的建议。

表 3-3 财经类应用型高校预算管理意识问卷统计表

预算管理意识问卷信息		高校数量（家）	数量比例（%）
影响学校预算管理的主要因素	预算管理意识淡薄	18	70
	编制方法不科学	17	65
	执行力度不够	16	62
	考核评价不公允	17	65
	部门沟通存在问题	14	54
	其他	4	15

续表

预算管理意识问卷信息		高校数量（家）	数量比例（％）
学校是否专门组织预算管理专题培训	定期组织	5	19
	偶尔组织	20	77
	从未组织	1	4
学校领导是否会定期召开预算管理专题会议	是	5	19
	否	21	81
学校是否征集广大教职员工对预算管理的建议	是	2	8
	否	24	92

3.1.3　预算管理制度与信息系统

全面预算的有效实施，离不开完善的管理制度作保障。预算管理制度从预算管理组织体制、预算编制、预算执行控制和预算绩效评价等多个方面对预算管理加以规范。从调查结果来看（如表3-4所示），虽然88％的受调查者反映其所在高校制定的《预算管理制度》与实际情况相比基本符合，但92％的受调查者反映其所在高校并没有设立预算管理委员会。预算管理委员会是预算组织体系中的重要机构，一般由学校最高领导亲自挂帅，成员是各个部门的负责人。预算管理委员会一般根据学校整体事业发展规划确定预算目标，负责预算编制决策、预算执行、预算调整、预算考评等事项的审核，而这一机构的缺失将会极大地影响预算管理工作的效率和效果。此外，针对财经类应用型高校项目预算管理特点的调查中，54％的受调查者反映其所在高校的实习实训项目在总体预算资金中所占的比重较大。81％的受调查者反映其所在高校预算的执行与监控并没有专人负责。而且，62％的

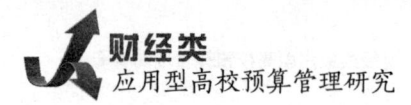

受调查者反映其所在高校预算管理大多采用手工操作,并没有引入专门的预算管理信息系统。

表 3-4 财经类应用型高校预算管理制度与信息系统问卷统计表

预算管理制度及信息系统问卷信息		高校数量(家)	数量比例(%)
学校实习实训项目在总体预算资金中所占比重	较大	14	54
	较小	12	46
学校预算管理中实习实训项目建设标准化程度	较高	6	23
	较低	8	31
	难以实现标准化	12	46
学校制定的《预算管理制度》与实际情况相比	不太符合实际情况	3	12
	基本符合实际情况	23	88
学校是否专门设置了预算管理委员会	是	2	8
	否	24	92
学校预算管理分工明确,专人负责	是	5	19
	否	21	81
学校是否引入了预算管理信息系统	是	10	38
	否	16	62

3.2 预算目标设定及编制方面现状

3.2.1 预算目标设定

高校整体事业发展规划是预算管理的前提,预算是高校整体事业发展规划实施的手段。预算目标是高校整体事业发展规划目标的体现，链接了高校整体事业发展规划和高校业务活动，使高校的战略意图通过预算得以落实。从调查结果来看（如表3-5所示），92%的受调查者反映其所在高校最近5年有较为清晰的整体事业发展规划目标，这为预算管理奠定了扎实的基础。然而，有35%的受调查者反映其所在高校缺乏明确的预算目标或者预算目标不太符合学校整体事业发展规划，使得"高校整体事业发展规划—预算管理—业务活动"链接断裂，不利于高校整体事业发展规划落地，让预算缺乏整体事业发展规划指引。这是我国一些财经类应用型高校应该予以重视和改进的地方。在调查学校的预算目标是否参考了往年的情况以及兄弟院校的平均水平时，38%的受调查者反映仅是部分参考。69%的受调查者反映其所在高校预算目标对学校各部门有一点激励作用，但是不明显。高校预算目标设定方式关系到预算管理功能的发挥，常见的设定方式有三种：自上而下、自下而上、上下结合。这三种方法各有优劣。自上而下的设定方式效率高，可以保证高校整体事业发展规划目标的贯彻，但是缺乏激励。自下而上的设定方式可以提高下级的积极性，但是可能引发管理失控，引起资源配置效率低下。上下结合的编制方式融合前面两种设定方式的优点。从调查结果来看，57%的高校采用上下结合，31%的高校采用自上而下，12%的高校采用自下而上。由此可见，我国财经类应用型高校多数采用的优点多、实用性强的上下结合的设定方式，这有利于高校更好地发挥预算的功能。

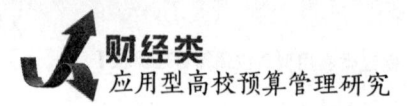

表 3-5　财经类应用型高校预算目标设定问卷统计表

预算目标设定问卷信息		高校数量（家）	数量比例（%）
学校最近5年有比较明确的整体事业发展规划	是	24	92
	否	2	8
学校各部门是否都有明确的预算目标	是	18	69
	否	8	31
学校预算目标是否符合学校整体事业发展规划	是	17	65
	否	9	35
预算目标参考往年以及兄弟院校的平均水平	部分参考	10	38
	基本参考	16	62
学校预算目标设定采取的方式	自上而下	8	31
	自下而上	3	12
	上下结合	15	57
学校的预算目标与单位实际情况相比	不太符合实际情况	8	31
	基本符合实际情况	18	69
学校各部门对于预算目标的态度	有一点激励作用，但是不明显	18	69
	预算能得到较好尊重	8	31

3.2.2　预算的编制

一般来说，高校的预算编制会有专人或是专门的部门来负责。通常的做法是由财务部门来牵头，进行预算报告的编制和汇总。从调查结果来看（如表 3-6 所示），85%的受调查者反映其所在高校重视预算的编制及使用，并有专门的部门或个人来负责。但就预算编制技术而言却较为传统，先进编制技术应用程度较低。定期预算、固定预算、增量预算等属于较为传统的编制方式，滚动预算、弹性预算、零基预算则在理念和技术上都比较先进。从调查结果来看，定期预算、固定预算、增量预算在我国财经类应用型高校中普遍使用，而滚动预算、弹性预算、零基预算等较为先进的编制技术在高校中的应用偏少。今后应当大力推广先进的预算编制技术，让预算成为企业管理的利器。此外，在针对财经类应用型高校项目预算管理特点的调查中，46％的受调查者反映其所在高校的实习实训项目预算的论证没有企业实务专家的参与，而且，66％的受调查者反映其所在高校的项目预算中项目经费用途的细化程度比较粗略。46％的受调查者反映其所在高校编制的预算没有为学校各项业务活动制定控制标准，对员工的工作约束性不强。42％的受调查者反映其所在高校编制的预算不能引导学校资源进行合理配置，31％的受调查者反映其所在高校编制的预算不太合理。

表3-6 财经类应用型高校预算编制问卷统计表

预算编制问卷信息		高校数量（家）	数量比例（％）
学校有专门部门或个人负责预算编制及使用	是	22	85
	否	4	15
学校使用的预算编制方法	固定预算	18	69
	弹性预算	12	46
	增量预算	21	81
	零基预算	9	35
	定期预算	24	92
	滚动预算	8	31

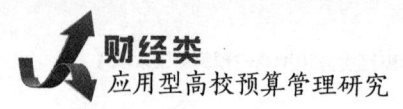

续表

预算编制问卷信息		高校数量（家）	数量比例（%）
实习实训项目预算有企业实务专家参与论证	是	14	54
	否	12	46
项目预算中项目经费用途的细化程度	比较详细	4	15
	一般	5	19
	比较粗略	17	66
您所在学校预算是否能够引导资源合理配置	是	15	58
	否	11	42
预算是否为学校各项业务活动制定了控制标准	是	14	54
	否	12	46
学校预算对员工工作是否有较强约束性	是	13	50
	否	13	50
您所在学校编制的预算是否合理	是	18	69
	否	8	31

3.3 预算执行与控制方面现状

3.3.1 预算的执行

没有被执行的预算比没有预算更为糟糕。预算是链接高校整体事业发展规划和业务，链接业绩和激励的重要纽带。预算没有很好地执行，不仅影响预算本身的功能发挥，更会影响高校整个管理制度的规范性和权威性。从调查结果来看（如表 3-7 所示），65%的受调查者反映其所在高校的预算可以做到"基本按照预算指标进行,在合理范围内波动",表明我国大多数财经类应用型高校可以执行既定的预算,但是仍存在改进的空间。一旦发现预算不能很好地执行,那么高校应当及时查找原因,落实责任归属,提出改进的措施。

表 3-7 财经类应用型高校预算执行问卷统计表

预算执行问卷信息		高校数量(家)	数量比例(%)
学校各部门预算指标的执行情况	有被执行,但是执行力度不够	9	35
	基本按照预算指标进行,在合理范围内波动	17	65

3.3.2 预算分析与调整

预算执行分析是高校定期对预算执行的情况进行分析、评估、监督和控制,分析当期实际发生的数据和预算数据之间的差异,明晰差异的原因,并确定是否要对预算进行调整,制定改进措施,及时解决预算执行中遇到的问题。从调查结果来看(如表3-8所示),37%的受调查者反映其所在学校在预算执行过程中,发现实际情况与预算有差异时,不能及时对差异进行分析并采取措施。34%的财经类应用型高校会定期召开预算分析会,54%的财经类应用型高校偶尔召开预算分析会,12%的财经类应用型高校从不召开预算分析会。65%的受调查者反映其所在学校在预算执行过程中,上下级部门对经费的使用和项目的进展情况不会经常交流,只是在必要时才进行交流。而且,27%的受访者反映其所在学校不会定期(如每年)评审供应商,由此也就无法有效控制学校物资采购的风险。预算执行分析是有效发挥预算功能的重要制度保障,从表3-8的这一数据来看我国财经类应用

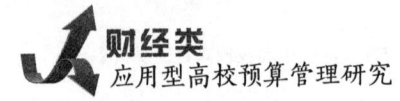

型高校对预算分析的重视程度需要提高。就预算调整而言,考虑到预算管理的严肃性,预算在执行过程中不能朝令夕改、频繁变更。而当高校的内外部环境发生重大变化时,比如学校整体事业发展规划、社会对财经类人才的需求、校内重大项目发生变化,学校就应该及时调整预算,以保证预算的科学时效性和可执行性。从调查结果来看,42%的受调查者反映其所在学校在预算执行过程中经常会对预算进行调整。在此情况下,企业预算调整过于频繁可能会引起预算松弛问题,预算的控制功能会被削弱。92%的受调查者反映其所在学校在发生重要变化时(如重大项目、事业发展规划发生变化等)会及时调整预算。这表明我国财经类应用型高校比较重视内外部环境分析,会及时考虑到预算与实际情况的重大差异,并进行预算调整,提高预算的可执行性。

表3-8 财经类应用型高校预算分析调整问卷统计表

预算分析与调整问卷信息		高校数量（家）	数量比例（%）
学校是否能及时对预算差异进行分析并纠偏	是	18	69
	否	8	31
学校对于预算分析的态度	从不召开预算分析会	3	12
	偶尔召开预算分析会	14	54
	定期召开预算分析会	9	34
上下级部门对预算经费使用和项目的进展情况	必要时会交流	17	65
	经常会交流	9	35
学校会定期（如每年）评审供应商	是	19	73
	否	7	27
学校在预算执行过程中是否会对预算进行调整	是	11	42
	否	15	58

续表

预算分析与调整问卷信息		高校数量（家）	数量比例（％）
学校在发生重要变化时会及时调整预算	是	24	92
	否	2	8

3.3.3 预算管理信息系统

良好的信息沟通是预算有效执行的必要条件。只有良好的信息沟通，预算的差异才能得到及时的分析与调整。而预算管理信息系统可以实现对预算执行的过程控制。一方面，预算管理信息系统可以对各预算责任部门的预算执行情况进行及时信息预警。另一方面，多渠道信息反馈系统可以实现网络信息化跟踪监控，通过预算管理信息系统与会计核算系统的对接，自动计算预算执行进度比例，自动找出预算数和实际完成数二者间的差异。预算管理信息化越完善的企业，其预算管理与企业资源配置的合理程度越高，成本控制效果越好。从调查结果来看（如表 3-9 所示），85％的受调查者反映其所在学校预算管理与成本管理控制关联性较大。62％的受调查者反映其所在学校预算管理还停留在手工操作阶段，并没有预算管理软件工具。而在调研预算管理软件是否会提升单位财务工作的业务处理能力时，92％的受调查者表示非常认同，但 73％的受调查者反映其所在学校在财务人员培养的过程中很少涉及预算管理软件应用技能培训。在调研制约学校预算管理软件使用的最主要因素时，85％的受调查者反映其所在学校领导重视程度不够，35％的受调查者反映其所在学校缺少相关业务信息化人才。

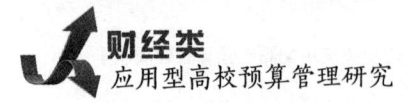

表 3-9 财经类应用型高校预算管理信息系统问卷统计表

预算管理信息系统问卷信息		高校数量（家）	数量比例（%）
学校的预算管理与成本管理控制关系	关联性较大	22	85
	有一定关联	4	15
学校的预算管理软件工具的使用情况	部分使用	10	38
	没有采用相关工具	16	62
预算管理软件提升单位财务工作业务处理能力	非常认同	24	92
	一般认同	2	8
学校是否会涉及预算管理软件应用技能培训	部分涉及	7	27
	很少涉及	19	73
制约学校预算管理软件使用的最主要因素	学校领导重视程度不够	22	85
	缺少相关业务信息化人才	9	35

3.4 预算绩效考核方面现状

理论上讲，高校业绩管理可以看作是实施以预算为基础的业绩合同。业绩合同是高校各层级之间的合同，这个合同体系是保证高校整体事业发展规划顺利实施并完成的关键。一般而言，预算对部门业绩评价的影响越大，预算效果就越好。预算执行情况在业绩评价中占有的比重越大，预算执行就更受到高校各部门各员工的重视。由此，预算绩效考核，是使各执行部门对预算引起重视，进而让预算落到实处的重要保障。从调查结果来看（如表3-10所示），46%的受调查者反映其所在学校没有构建预算责任体系,也没有设立相应责任中心。65%的受调查者反映其所在学校的预算管理与业绩评价管理有一定的关联度,但27%的受调查者反映其所在学校的预算管理与学校事业发展规划及部门职能不是很契合。

表3-10 财经类应用型高校预算绩效考核问卷统计表

预算绩效考核问卷信息		高校数量（家）	数量比例（%）
学校是否构建了预算责任体系,并设立责任中心	是	14	54
	否	12	46
学校的预算管理与业绩评价管理的关联度	关联性较大	9	35
	有一定关联	17	65
预算绩效目标是否与学校事业发展规划及部门职能相契合	是	19	73
	否	7	27
学校的项目预算绩效考评指标	定性指标为主	16	62
	定量指标与定性指标相结合	10	38
学校所制定的项目预算绩效目标是否具有可行性	是	16	62
	否	10	38
学校的预算管理中相应的考核机制	有,一定会实施	8	31
	有,偶尔会实施	18	69
学校的预算管理中相应的奖惩制度	有,只能保证预算目标被实现	14	54
	有,但几乎没有效果	12	46
学校预算管理是否设立预算绩效考核委员会	是	8	31
	否	18	69

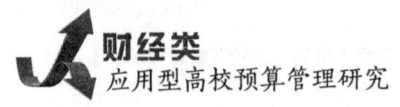

续表

预算绩效考核问卷信息		高校数量（家）	数量比例（%）
学校的预算绩效对于部门的业绩评价	较低影响	15	58
	较高影响	11	42
预算绩效评价结果是否与教职员工收入及职称职务晋升挂钩	是	4	15
	否	22	85
预算考核机制是否能合理地评价各部门及其员工的工作成绩	是	14	54
	否	12	46

此外，62%的受调查者反映其所在学校的项目预算绩效考评指标以定性指标为主，38%的受调查者表示其所在学校的项目预算绩效目标可行性不强。在调研学校的预算管理中是否有相应的考核机制时，69%的受调查者反映有但只是偶尔会实施。在调研学校的预算管理中是否有相应的奖惩制度时，46%的受调查者反映有但几乎没有效果。69%的受调查者反映其所在学校没有设立预算绩效考核委员会。58%的受调查者反映其所在学校的预算绩效对于部门的业绩评价影响较低。85%的受调查者反映其所在学校预算绩效评价结果没有与教职员工的收入及职称职务晋升挂钩及强化行政问责。在调研对学校预算考核机制满意度时，46%的受调查者反映其所在学校的预算考核机制不能做到清晰明确，也不能合理地评价各部门及其员工的工作成绩。

第 4 章　财经类应用型高校预算管理存在的问题及原因

已有的研究表明，现阶段我国高等学校预算管理还存在着预算管理体系不健全、预算编制不科学、预算执行控制不到位、预算考核评价弱化等问题。通过第 3 章财经类应用型高校的预算管理现状调研分析不难看出，财经类应用型高校也不例外。而且，结合财经类应用型高校预算管理的特点，财经类应用型高校对项目预算管理有着更高要求。由此，本章从财经类应用型高校视角，以在我国财经类应用型高校中具有代表性的 A 财经类应用型高校为实例，深入探讨我国财经类应用型高校预算管理体系、预算编制流程与方法、预算执行与控制、预算绩效考核等方面存在的问题及原因。

4.1　A 财经类应用型高校简介

A 财经类应用型高校地处 CD 市，是一所全日制公办普通高等财经类应用型学校。经过十几年的发展，该校已成为省国家公务员培训施教机构、省财政系统干部继续教育培训基地以及省级示范性高等院校。

学校目前占地面积 500 亩，实践场所面积近 8000 平方米，总资产 7.5 亿元，教学、科研仪器设备价值近 5000 万元，信息化设备近 1200 万元，纸质图书近 50 万册，教学用计算机近

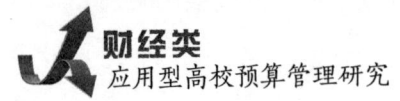

4000台,现代化校内实训室71个,教室、实训室均配备了多媒体和空调,配置了校园网、闭路电视系统、多媒体教学系统等先进的教学设施,其实践教学条件在全国财经类院校中居于领先水平。

学校现有全日制在校生6000余人,各类教师近500人,具有高级职称教师占23%,具有博士、硕士学历占57%,专业课教师中"双师"素质教师占90%。学校师资队伍基础理论扎实、实践能力突出、教学水平高、科研能力强,拥有享受国务院特殊津贴的专家及多名专业带头人。

学校设置了"五系三部二中心"的教学单位,即财税金融系、会计系、财务与审计系、工商管理系、电子商务系、基础部、艺术体育部、思想政治教学部、实训中心和继续教育中心。会计、税务、金融管理与实务、审计实务、财务管理、工商企业管理、市场营销、法律事务、计算机信息管理、会计电算化、应用英语等11个专业面向社会招生。其中,会计、金融管理与实务、市场营销专业为学校重点专业,会计、市场营销、审计实务、税务、法律事务专业为学校特色专业,会计电算化专业是学校和企业集团共建专业。

学校遵循高等教育和学生成长发展规律,加强内涵建设,不断深化改革,坚持"以人为本、质量立校、追求进取、社会满意"的办学理念,以"培养高素质财经类技能型人才"为使命,坚持以财经为特色的发展道路,正努力把学校建设成为全国一流的财经类应用型高校。

4.2　A财经类应用型高校预算管理现状[①]

4.2.1　A财经类应用型高校预算管理体制

预算管理是高校财务管理工作中非常重要的一环,高校预算管理体系是否健全取决于高校财务管理体制的完善程度。A财经类应用型高校的财务管理体制在2014年经历了一次转变。在2014年以前,A财经类应用型高校实行的是"统一领导、集中管理、权责结合"的财务管理体制。学校统一财经方针政策、财务收支计划、财务规章制度、资源调配,学校财会工作和财务活动由学校集中管理。财务处在学校与上级业务部门的领导下,对全校的财务活动实行统一管理。这种财务管理体制对规范学校财务收支、整体规划学校资金去向以及加强对学校财务监督等方面发挥了重要作用。考虑到财经类应用型高校预算管理的特点,为推动学校全面预算管理和充分调动各二级部门的工作积极性,从2014年开始,学校开始实行"统一领导、分级管理、权责结合、统一结算"的财务管理体制。学校财务处首先根据学校事业发展规划并结合下一年度的预算影响因素编制综合财务计划,并按照责权匹配的原则把各项经费指标划拨到学校各二级部门,各二级部门依据批准的各项经费指标进行费用开支。由此,各二级部门被赋予了一定的财务管理权限,而有关资金的收支结算由学校财务处统一进行。A财经类应用型高校的财务工作实行校长负责制。学校财务发展规划制定、年度预算安排、重大建设项目安排、项目资金贷款等重大经济活动实行集体决策,报学校党委,按民主集中制的原则确定。预算组织架构如下:

[①] 参考《A财经应用型高校预算管理办法》。

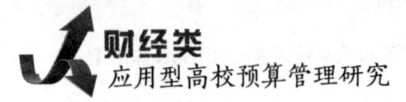

A财经类应用型高校党委是学校预算管理的最高决策机构，负责预算草案、预算调整及学校重大财经问题的审定。

分管财务的校领导负责组织编制学校预算草案，审查学校年度预算方案，研究为完成预算目标而应该采取的措施方法以及各预算责任部门应承担的目标责任，负责向校长办公会和党委会报告有关预算编制、调整及年度预决算报告等相关预算信息。

学校财务处是预算的职能管理部门，在学校各部门上报的年度经费使用计划的基础上，编制学校年度预算草案以及预算调整方案，下达经党委会批准的预算方案，具体组织年度预算的实施，定期向党委会及学校领导报告预算执行情况，并接受学校各部门和教职工的监督。

4.2.2 A财经类应用型高校预算编制

1. A财经类应用型高校的预算编制原则

（1）"全面、整体"原则。预算必须以学校总体规划为依据，将事业活动中的各项收入和支出全部纳入学校预算。

（2）"量入为出、收支平衡"原则。收入预算坚持稳妥可靠，支出预算坚持统筹兼顾、确保重点、勤俭节约、不留缺口。

2. A财经类应用型高校的预算编制内容

A财经类应用型高校的预算编制内容主要包括收入预算与支出预算。

（1）收入预算。

严格意义上来讲，高校的收入预算应包括财政拨款、上级补助收入、事业收入、经营收入、附属单位上缴收入以及其他收入等多种收入来源。而就A财经类应用型高校而言，其作为一所财经类应用型高校，收入来源主要包括财政拨款收入和事业收入两种途径。

其中,财政拨款收入主要是针对高校在教育科研、住房改革、公费医疗等方面给予的各项事业经费,一般由各级财政部门划拨。而事业收入主要包括高校在从事教育教学以及函授时所收取的学杂费,以及从事科研与技术及管理咨询活动时所取得的相关收入等。表 4-1 反映的是 A 财经类应用型高校 2017—2019 年的收入情况。

表 4-1 A 财经类应用型高校 2017—2019 年度收入情况表

单位:万元

收入来源	2017 年	2018 年	2019 年
财政拨款收入	11650.96	8498.25	13959.72
事业收入	5572.18	5347.08	2598.67
合计	17223.14	13845.33	16558.39

数据来源:A 财经类应用型高校 2017—2019 年决算报表

由表 4-1 可以看出,A 财经类应用型高校在 2017 到 2019 年的收入预算中,财政拨款的比重分别占到 67.65%、61.38% 和 84.31%。由此,财政拨款是 A 财经类应用型高校的主要收入来源。

(2) 支出预算。

高校支出预算是指高校从事教育教学、科学研究以及其他教学管理活动所发生的各项资金开支,主要包括事业支出、经营支出、自筹基建支出和对附属单位的补助支出等。

A 财经类应用型高校的支出主要用于学校开展教育教学、科学研究及其他教学管理活动等所发生的事业支出,分为基本支出和项目支出。其中基本支出包括人员经费和日常公用经费两部分,是学校为完成教学、科研和其他日常工作而发生的。

人员经费主要用于学校在开展专业教学、科研及其辅助活动时有关个人方面的支出,包括基本工资、补助工资、职工福利、助学金等。编制内人员应按照国家有关政策、标准和政策性增资因素等计算编列,编制外人员应参照学校实际支出标准编列,此项支出指标不分解到部门,由组织人事处负责代管。

日常公用经费用于学校为完成事业活动而在公共服务方面的开支,分为校级经费及部门经费,应根据具体的支出项目分别确定。其中,校级经费是指水电气费、邮电费、物业管理费、维修费、会议费、招生录取费、公务用车运行维护费及公务接待费等。一般根据以前年度支出情况核定,并下达给负责此项工作的部门代管。部门经费是指办公费、印刷费、差旅费、培训费、学生管理费、课程建设费等有关业务费用。财务处根据经学校党委会审定后的部门预算申报数确定。

项目支出包括基本建设类项目和行政事业类项目两部分,主要用于学校为完成特定的项目工作任务和事业发展规划目标,除基本支出之外所发生的费用开支。基本建设类项目依据基本建设项目规划编制;行政事业类项目包括设备购置、图书购置、教学研究及学生实践、学生资助、思政专项、教育培训等,其编制根据各部门申报的项目,在综合考虑年度财力、保证重点、勤俭节约的基础上进行安排。

A财经类应用型高校2017—2019年的支出情况如表4-2所示。

表4-2 A财经类应用型高校2017—2019年度支出情况表

单位:万元

支出项	2017年	2018年	2019年
一、基本支出	6467.71	5818.93	5997.67
人员经费	4393.39	4985.51	5486.83
日常公用经费	2074.32	833.42	510.84

续表

支出项	2017年	2018年	2019年
二、项目支出	10529.62	7770.21	11042.73
基本建设类项目	6820.48	3000	7500.
行政事业类项目	3709.14	4770.21	3542.73
合计	16997.33	13589.14	17040.39

数据来源：A财经类应用型高校2017—2019年决算报表

由表4-2可以看出，2017—2019年项目支出在支出预算中所占比重较大，分别为61.95%、57.18%和64.8%，表明A财经类应用型高校近几年的支出主要用于项目支出。

3. A财经类应用型高校预算编制方法

A财经类应用型高校的预算编制方法采用增量预算法和零基预算法相结合的方式，且以增量预算法为主。增量预算法是以上年学校的发生额为基础，结合学校事业发展趋势，测算本年度的预算发生额。项目支出以及专项经费预算采用零基预算法，以保证项目支出和专项经费开支的可行性和合理性。

4. A财经类应用型高校预算编制流程

A财经类应用型高校预算的编制采取自下而上和自上而下相结合的程序进行，有关预算的编制、预算的上报及下达均由财务处负责。

每年9月份，财务处依据当年的预算执行情况以及下一年度学校的事业发展计划，并结合影响预算的内外部环境因素，制订并布置当年的预算工作计划。

而学校的预算相关部门必须在9月底之前提供下一年度部门经费使用计划和相关数据。其中，教务处应汇总上报各系部报送

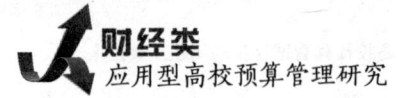

的课程学时资料、学生实习计划、教学设备采购计划,教务处、学生处应汇总上报各系部报送的分层次、分专业、分班级在校生人数、毕业生人数等资料,招生就业处应报送本年度毕业生计划、招生计划等资料,资产管理部门应汇总上报审批后的实验室建设、专项设备与材料采购计划,组织人事处应报送人员经费计划、培训计划等,学校办公室、后勤处、保卫处应报送设备采购与修缮、专项经费使用计划、日常运行维持费计划,团委、工会及学校其他部门应按预算编制要求报送有关材料等。各部门应根据上年收支和学校事业发展趋势,测算本部门年度收支状况,报送财务处。

财务处负责分类汇总,编制学校年度收支预算草案并报分管校领导审核。分管校领导向校长办公会提交年度预算草案进行审议。依据校长办公会的审议意见,修改年度预算草案后,提交学校党委会审定,并形成学校年度预算。年度预算经学校党委会批准后,由财务处具体下达并监督执行。

4.2.3 A 财经类应用型高校预算执行

A 财经类应用型高校制定了《A 财经类应用型高校预算管理办法》并要求各相关部门必须严格执行。各部门依据学校批准的各项经费指标进行合理费用开支安排,把握好支出进度,既要保证实现既定的预算目标,又不能突破预算经费指标。

财务处作为学校预算的职能管理部门,负责各部门经费收支的统一核算。财务处为各部门设置二级账户,单独核算其经费使用和结余情况并严格做好预算执行过程中的监督,做到"无预算不核拨指标,无指标不办理借款和报销手续",并于每年10月份向各部门通告预算执行情况。

预算一旦批准下达,一般不得调整。但由于内外部环境发生重大变化而需要调整预算的部门,必须写出申请报财务处,申请中应明确说明预算调整的原因、预算调整的金额、预算调整对原有目标的影响以及相关措施。财务处在进行审查后针对必须调整的情况制定预算调整方案，上报校长办公会审议。校长办公会审核调整预算方案，应依据学校当年的实际收入，分别制订预算调增和预算调减计划，提交党委会研究批准后，下达实施追加或调减预算。

4.2.4　A 财经类应用型高校预算控制与考核

预算控制是监控预算执行过程不偏离方向的重要一环，也是实现预算年度目标进而完成高校事业发展规划的重要保障，应贯穿高校预算管理的整个过程。A 财经类应用型高校为保证预算的有效执行，制定了预算控制和监督制度，内容包括：

校长办公会定期听取各预算责任部门负责人汇报预算执行情况，分析预算执行过程中存在的问题及研究解决方法，以保证预算目标的如期实现。财务处作为预算管理的监控部门，应于每季度末对各部门的预算执行情况进行检查，对于出现的偏差应及时预警并通知相关责任部门纠偏。再有，财务处还需定期向校长办公会报告预算执行情况。每学期末，分管财务的校领导应向党委会报告预算执行情况。此外，学校设立监审处对预算执行进行定期或不定期审计，审查各项费用开支情况是否真实合法。各部门负责人在预算执行中如有严重超支、不按预算方案执行的行为，应负相关责任等。

4.3　A 财经类应用型高校预算管理存在问题及原因

4.3.1　预算管理体系不健全

如前所述，由于 A 财经类应用型高校从 2014 年才开始实行

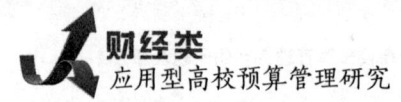

分级管理的财务管理体制,实施全面预算管理的历史较短,虽然制定了校党委审批预算、分管财务校领导负责组织编制预算、财务处负责编制预算的预算管理制度,但在该预算管理组织体系下,各部门会认为预算管理是财务部门的事情,只需向财务部门提供资金使用计划。事实证明,以财务处为中心进行预算管理,不仅会使预算管理的权威性大打折扣,而且也不能充分调动各部门节约资金、注重资金使用效益的积极性,无法做到真正的全面预算管理。尤其对财经类应用型高校而言,其预算管理与其他高等学校相比有其特殊性。

一方面,财经类应用型高校注重培养技能型人才,其教学管理中更强调实习实训的重要性,由此其预算项目资金安排中有关实习实训的规划要更加突出。以 A 财经类应用型高校为例,近年来就有大量有关示范建设项目和重点专业建设项目,如 2014—2016 年省级重点专业建设项目共投入 600 万元(见表 4-3),2016—2018 年省级示范建设项目共投入 4500 万元(见表 4-4)。

表 4-3　2014—2016 年 A 财经类应用型高校省级重点专业建设项目规划

单位:万元

项目编号	项目名称	项目总预算
101	会计专业省级重点专业项目建设	200
202	金融管理与实务专业省级重点专业项目建设	200
303	市场营销专业省级重点专业项目建设	200
	合计	600

数据来源:A 财经类应用型高校 2014—2016 年省级重点专业建设项目预算

表 4-4　2016—2018 年 A 财经类应用型高校省级示范建设项目规划

单位：万元

项目编号	项目名称	项目总预算
101	优化联盟平台，创新办学体制	80
102	建立长效机制，增强办学活力	220
201	综合素质测评体系	25
202	财经素养培育中心	140
203	大学生创业园	100
204	多专业综合实训基地	150
205	学生活动主题工程	85
301	会计专业（群）建设	1200
302	金融实务专业建设	850
303	市场营销专业（群）建设	650
401	师资队伍建设	340
402	领导能力建设	60
501	根植行业，财税培训	60
502	携手中职，辐射提升	60
503	进乡入企，管理咨询	80
504	能力提升，基地建设	200
	机动	200
	合计	4500

数据来源：A 财经类应用型高校 2016—2018 年省级示范建设项目预算

另一方面，财经类应用型高校与其他类高等院校相比，由于其他类高等院校的实习实训项目建设相对标准化，而财经类应用型高校的实习实训项目具有难以标准化、需创新设计等特点，所以，财经类应用型高校的预算资金安排更需要加强实习实训项目的必要性和可行性分析并严格论证,相应地,对其预算管理体制会有更高的要求。而以财务处为中心进行预算管理的财经类应用型高校,财务处在审核各部门报来的预算是否与学校事业发展规划以及年度目标相一致、其预算编制计划是否可行、编制依据是否合理、论证是否充分等方面显得力不从心,从而无法保证各部门预算目标的合理性,也不能充分发挥预算在有效配置资源、合理安排各项支出以及提高资金使用效益等方面的作用。以A财经类应用型高校2014—2016年省级重点专业建设项目为例,在其原有的以财务处为中心进行预算管理的预算管理体制下,论证不充分,在项目建设过程中出现了一些问题,从而出现多次调整经费预算的现象。由此,该校的领导和管理层决心优化其预算管理体制,不断完善其预算管理制度,在2016—2018年省级示范建设项目上精益求精,充分论证,努力提高资金使用效益和实现省级示范建设目标。

4.3.2 预算编制不科学

在当前教育体制改革不断深化的新形势下,高校预算编制要在传统增量预算方法的基础上,综合运用绩效预算、零基预算以及滚动预算等先进方法,以保证高校预算编制的科学性。尤其对财经类应用型高校而言,如前所述,在财经类应用型高校的预算管理中,由于其实习实训项目具有难以标准化、需创新设计等特点,其预算资金安排更需要加强实习实训项目的可行性分析,需要相应的上下级领导和部门会同专家进行详细分析和科学论证,论证该项目是否符合学校事业发展规划以及年度目标,其预算编制计划是否可行,预计要达到的绩效目标以及为完成该项目所需要精细化的各个分项目费用开支是否合理等。

就A财经类应用型高校而言,依据《A财经类应用型高校预算管理办法》,虽然其预算编制方法采用增量预算法和零基预算法相结合的方法,项目支出要求采用零基预算法,但在编制过程中出现了问题,使其零基预算流于形式。各部门在提交项目支出预算时只是简单地提出需要做的事情和相应的费用开支,并没有详细的测算依据和相应的可行性论证。表 4-5 是 2014—2016 年 A 财经类应用型高校某专业省级重点专业项目建设预算情况。

表 4-5 某专业省级重点专业建设项目资金预算

单位:万元

建设项目内容		项目总预算
校企合作制度与管理运行机制建设	"双主体学校"的建设和工作推动	14
	优化专业人才培养模式和专业建设机制	9
	引进国内外优质教学资源,探索会计专业跨区域化、国际化合作	4
	小计	27
"双师"教学队伍建设	输送专职教师下企业锻炼	10
	专兼职教师团队建设	11
	专兼职教师动态管理	1
	小计	22
课程改革与资源建设	重构课程体系和课程内容	13
	资源共享课程建设	14
	推动教学方法和手段改革	7
	小计	34
实践条件建设	校内外实习实训条件建设	99
	对实践教学内容等进行全方位优化	10
	小计	109

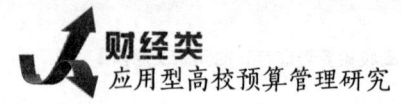

续表

建设项目内容		项目总预算
其他	社会服务能力建设	2
	项目管理、进度检查、第三方评审	6
	小计	8
合计		200

数据来源：A 财经类应用型高校 2014—2016 年省级重点专业建设项目资金预算

在项目经费使用缺乏有效论证的前提下，有些部门在项目申报之前没有一个完整的思路，而是先来争取经费和资源。一旦争取到经费支持，在项目建设过程中却不断变化与调整，从而使得前期投入的经费得不到应有的效用甚至出现大量资源闲置的现象。而另一些急需经费支持的项目却得不到应有的支持进而影响了学科发展。由此，在"会哭的娃娃有奶吃"的乱象助推下，一些部门争先恐后地争取经费支持，夸大项目预算，这在学校资源有限的前提下资源必然无法做到优化配置。

再有，A 财经类应用型高校预算编制系统粗犷，预算编制的质量水平无法得到保证。A 财经类应用型高校的预算编制只有上报财政的专门预算系统，校内各部门预算及综合预算编制只是靠人工建立表格来完成分析计算。由此，在当前大数据信息时代，这种简陋的预算管理系统不但使每年的预算编制工作变得非常烦冗复杂，无法推进预算的精细化，更重要的是，这对后面预算的执行监控也无法做到及时预警和纠偏。

4.3.3 预算执行监控不得力

如前所述，预算控制是监控预算执行过程不偏离方向的重要一环，也是实现预算年度目标进而完成高校事业发展规划的重要保障，应贯穿预算管理的整个过程。由此，学校应建立有效的预算控制体系并疏通信息沟通渠道，实施有效的过程控制。

就 A 财经类应用型高校而言，虽然其《A 财经类应用型高校预算管理办法》中对预算监控部分做了详细规定，比如，财务部门应于每季度末对各部门的预算执行情况进行检查，对于出现的偏差应及时预警并通知相关责任部门纠偏。再有，财务处还需定期向校长办公会报告预算执行情况。每学期末，分管财务的校领导应向党委会报告预算执行情况。监审处对预算执行进行定期或不定期审计，审查各项费用开支情况是否真实合法等。但如前所述，由于 A 财经类应用型高校预算编制系统粗犷，预算编制只有上报财政的专门预算系统。A 财经类应用型高校没有建立多渠道信息反馈系统，预算执行与会计核算无法做到及时对接的情况下，财务处进行预算执行信息预警和及时纠偏就会变得非常困难，进而使得《A 财经类应用型高校预算管理办法》中所规定的预算监控内容在实际操作过程中也就不能得到有效执行。

此外，如前所述，由于 A 财经类应用型高校预算管理体系不健全，各部门只需向财务部门提供资金使用计划，预算管理以财务处为中心进行，因此，A 财经类应用型高校并没有将预算目标责任层层落实，使各部门、各机构处室有关预算的责权相匹配。在缺乏严格预算控制体系的情况下，对各部门、各机构处室有关预算管理的监控就没有强有力的制度支撑，相关部门有关预算管理的责任义务就无法约束，所谓督促其优化整改预算偏差也就成为一句空话。

4.3.4 预算考核机制不完善

建立科学、合理、公正的预算绩效考核机制，是全面预算管理的最后一环。建立完善的预算考核机制，有利于对各部门、各机构处室本年度的预算执行情况做出客观公允的评价进而给出合

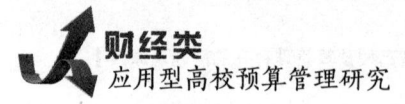

理的奖惩，也有利于对下一年度的预算资金做出更加合理的安排，进而提升预算资金的使用效益。

就 A 财经类应用型高校而言，其预算绩效考核只是在《A 财经类应用型高校预算管理办法》中简单提到各部门负责人在预算执行中如有严重超支、不按预算方案执行的行为，应负相关责任，而且这一规定也并未得到有效执行。换句话说，A 财经类应用型高校的预算管理只关注预算编制与执行，而对于预算的绩效考核与相应的行政问责及奖惩是非常欠缺的。这对 A 财经类应用型高校的预算经费使用效益、各部门对预算管理的重视程度以及工作积极性等方面都带来了严重影响。

首先，在年终部门负责人绩效考核时，预算执行情况并未列入考核项目对象，更没有对其预算编制、执行情况进行认真的分析与考核。由此带来的后果是，在预算经费的执行不进行绩效考核而且规定预算经费结余收回的前提下，有些部门就会在年底突击花钱，将预算经费用于大量不必要的项目开支，进而严重降低了资金的使用效益。

其次，预算绩效考核与相应行政问责及奖惩的欠缺严重影响了各部门对预算管理的重视，进而影响了其工作积极性，而且带来传递"负能量"的效应。

行政问责及奖惩机制在 A 财经类应用型高校的缺失状态，使得年终绩效考核时，对于那些预算严重超支或者严重使用不足的预算执行较差部门的绩效并没有产生实质性的影响，而那些认真编制项目预算、严格执行预算并达到了预期目标的部门的绩效也没有得到相应的体现。长此以往，预算执行力强的部门会被预算执行力差的部门影响，工作积极性逐渐衰退，进而形成一种反常的工作状态——"不求有功，但求无过"，"做得越多，给领导添的麻烦越多"；"多一事不如少一事"，项目越多，工作量越大，天天忙得团团转的部门与不积极申报项目的部门绩效并没有本质区别；预算编制及执行不必劳神费力，出现问题学校自会想办法改进，超支或开支不足也不会有任何的惩罚措施等。而如前所述，针对应用型高等学校学生形象思维优于逻辑思维、动手能力较强的特点，学校应鼓励各部门积极创新和申报实习实训项目。因此，在高等学校"创新求发展"的时代背景下，A财经类应用型高校行政问责及奖惩机制缺失不仅大大影响了各部门全面配合预算管理的积极性，更重要的是，也严重影响了各部门积极申报项目不断创新进而推动学校事业发展的工作积极性。

第 5 章 国内外高校预算管理经验借鉴与启示

"他山之石,可以攻玉",针对我国财经类应用型高校预算管理过程中存在的问题,本着虚心学习的态度,笔者通过查阅资料、走访、电话、网络等形式深入了解国外高校与国内除 A 财经类应用型高校之外的其他财经类应用型高校的预算管理实施情况,期望通过借鉴国外高校的预算管理经验,在国内财经类应用型高校之间互通有无,优势互补,共享成功经验,为完善我国财经类应用型高校预算管理带来启示。

5.1 国外高校预算管理经验与启示

5.1.1 国外高校预算管理经验

高校预算管理问题在一些西方发达国家(包括美、英、澳等)研究得比较早,也取得了较为丰富的研究成果。如:Carl R. Borgia、Randolph S. Coyer(1996)研究了美国高校实施的绩效预算管理改革,在肯定改革取得成功的同时也指出其存在的不足。Robin Naylor、Jeremy Smith、Abigail McKnight(2003)等针对英国高校实施的绩效预算管理体系,运用统计学原理进行实证研究,在指出存在问题的同时也提出相应的优化措施。

近年来,高等教育在世界上许多国家已经被列为教育发展的重点，各国不断加大对高等学校的教育投入，高等学校预算管理也因此成了专家学者们的研究热点问题。下面结合国外研究现状，以美国、澳大利亚以及英国等发达国家为例，从预算管理体制、预算编制、预算执行控制和预算绩效评价等方面对其预算管理的做法做以下梳理①。

1. 美国高等学校预算管理

美国作为高等教育发达的国家，其高校预算管理制度也是相对比较完善的。其预算管理的主要经验包括：

（1）预算管理体制方面：在美国，高校普遍设有类似预算管理委员会职能的专门负责学校预算的管理机构。该机构在组织与管理学校预算方面发挥着重要作用，并随时向各部门提供有关预算管理的信息。

（2）预算编制方面：美国高等学校的预算编制必须基于学校的事业发展规划，且重点突出，将有限资源优先用于重点建设项目，并讲求成本的最小化和资金效益的最大化。

（3）预算执行控制和绩效评价方面：美国高等学校重视同等院校的比较分析，即选择在办学规模、条件以及教育教学质量等方面类似的同等院校，以其作为参照物，运用横向对比来反思本校在预算管理方面是否存在着问题。预算绩效评价方面主要是从20世纪90年代以来推行了绩效预算管理，建立了绩效评价体系，且取得了良好的效果。

2. 澳大利亚高等学校预算管理

澳大利亚高校一般都会构建完善的预算管理体系和制定明确

---

① 石松：《我国高等职业院校预算管理研究》，首都经济贸易大学，2011年，第2~5页。

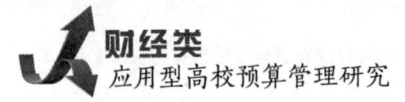

的预算管理制度,并将预算管理作为落实学校事业发展规划和优化资源配置的手段。其预算管理的经验值得我国高校加以借鉴:

(1) 预算管理体制方面:澳大利亚高校的预算管理有一套规范的管理程序。年初首先由财务部门依据以前年度的预算执行情况,并结合下一年度的预算影响因素草拟出下一年度预算的初步方案;其次由学校预算管理委员会及学术委员会对草案进行深入的研讨论证,并征求各方面的意见;最后提交到学校的最高管理层审批通过。

(2) 预算编制方面:澳大利亚高校非常重视资金分配与工作之间的责权匹配关系。预算资金如何优化配置的主体是所属的二级学校。学校按照合理的方法将预算资金划拨到各二级学校并由其自主分配,因此,各学校院长和系主任被赋予了相应的人事和财务管理权限,进而充分调动了各二级学校的工作积极性。学校的各级行政管理部门只充当为二级学校进行服务的角色而并不能为其做出决策。

(3) 预算执行控制和绩效评价方面:澳大利亚高校的预算执行过程要接受校内校外双向监督。校内由预算执行委员会和广大教职工对预算执行过程进行监控,校外由会计师事务所等部门进行审计并出具审计报告。年度决算报告中必须详细列明预算经费收支数据,并分析预算执行情况及评价使用效果。

3. 英国高等学校预算管理

英国高等学校对预算管理工作非常重视,有关预算管理经验主要有:

(1) 预算管理体制方面:英国的高校普遍设有独立的预算管理机构并有规范的预算管理制度,依据本校的实际情况来制定预算编制原则和程序,强化预算管理的规范。

(2) 预算编制方面:英国高等学校重视财力集中,不搞赤字，实施综合财务预算，以此来体现预算的严肃性。英国各高校必须实行财务集中管理，即开设银行账户只能由学校来进行，对各二级单位开设银行账户严令禁止。同时英国高校对部分预算经费支配权适当下放，以此来调动各部门的工作积极性，但要接受学校财务部门对各项支出的监控，禁止超预算支出。

（3）预算执行控制和绩效评价方面：实施严格的预算执行控制。一旦学校将各项经费指标分解到各二级单位后，各二级单位就必须严格按该预算执行，严禁超预算支出。若某二级单位或项目确实需要增加支出，可以提出书面说明申请调整，并且预算支出增加的申请必须是在有预算收入增加的情况下才接受预算调整申请，申请在严格按程序审核后经学校最高管理层批准才能调整实施。

5.1.2 国外高校预算管理经验的启示

综合国外高校预算管理的经验做法，结合我国财经类应用型高校预算管理的现状和特点，我们可以从中得到以下几点启示。

1. 设立专门的预算管理机构

英、美、澳等发达国家的高校普遍设有独立的预算管理机构并有规范的预算管理制度，依据本校的实际情况来制定预算编制原则和程序，强化预算管理的规范。该机构在组织与管理学校预算方面发挥着重要作用，并随时向各部门提供有关预算管理的信息。而我国高校预算经费一般来源于政府财政拨款，资金分配受政府政策的影响较大，因此，我国高校的预算管理一般根据政策的变化由财务部门作出宏观上的资金预算调整。这对高校的资金合理使用和可持续发展是十分不利的。我们可以从国外高校的做法中得到启示，设立独立的预算管理机构并规范管理程序。年初首先由财务部门依据以前年度的预算执行情况并结合下一年度的预算影响因素草拟出下一年度预算的初步方案；其次由学校预算管理委员会及学术委员会对草案进行深入的研讨论证，并征求各方面的意见；最后提交到学校的最高管理层审批通过。再有，高校预算管理委员会由学校知名教授、行政管理人员、教职员及学生共同组成，凝聚学校大多数人员的力量，突出高校预算管理在高校管理中的重要作用，也使一线大学教师和学生主动关注经费预算事宜，增强其主观能动性，并对经费预算的执行起到有力的监督作用。

2. 选择科学的预算编制方法

基于美国大学的预算管理经验，高校的预算编制必须基于学校的事业发展规划，且重点突出，将有限资源优先用于重点建设项目。而且，其预算系统以过去几年的数据作为基础，在预算中针对支出比例进行分析，资金的分配是比较稳定的。再有，澳大利亚高校非常重视资金分配与工作之间的责权匹配关系。预算资金如何优化配置的主体是所属的二级学校，进而充分调动各二级学校的工作积极性。相比之下，我国大多数高校采用的是简单的增量预算法。这不但会加剧供需之间的矛盾，而且也会造成教育资源的浪费，进而产生不合理的预算分配方案。我们可以学习美国和澳大利亚高校的一些做法，依据学校的实际情况，选择科学的预算编制方法，将预算年度和工作年度进行相应调整，切实落实预算管理责任，使预算管理落到实处。

3. 建立完善的预算评估体系

我国部分高校预算管理的透明度不高，有时公示的也仅限于财务数字，对于这些财务数据背后的经费使用说明几乎没有，这种情况不利于预算的监督。借鉴澳大利亚高校高度透明的预算管理制度，年度决算报告中必须详细列明预算经费收支数据，并分析预算执行情况及评价使用效果。我国高校财务预算也可以定期将一段时期内的预算经费使用等情况进行公示,加强预算示范和透明度的可行性,减少决策失误造成的损失,这样能大幅提高预算实施的公平性和公正性,对预算管理起到监督作用。在增强透明度的基础上,要建立科学的预算评估体系。在此方面,可以借鉴美国高校的做法。美国高校对高校预算管理工作的评估十分重视,一直在致力于推进预算管理的评价研究,预算管理标准体系的设计也比较完善。我们可以借鉴其指标体系,设计符合我国财经类应用型高校的绩效评价指标,建立自己的预算绩效评价体系,从而保证高校的健康、良性、可持续发展。

5.2 国内财经类应用型高校预算管理调研及经验总结

如前所述,为了分析我国财经类应用型高校的预算管理现状,笔者针对我国财经类应用型高校的预算管理情况开展了问卷调查(详见第3章)。问卷调查的目的在于把握财经类应用型高校预算管理现状的普遍性。为了深入了解我国财经类应用型高校预算管理的具体实施情况,在多样本问卷调查的基础上,笔者认为有必要在我国财经类应用型高校中选择部分典型代表,分别从其预算管理机制、预算目标下达与编制、预算执行与控制、预算绩效考核等方面开展实地调研,为进一步了解我国财经类应用型高校预算管理现状提供近距离观察的机会;与财经类应用型高校领导和财务部门负责人就所关心的问题做互动交流探讨,为深入财经类应用型高校层面分析预算管理问题奠定良好的基础。

5.2.1 调研对象的选择及调研内容

调研对象选择了近年来办学情况较好、国内知名度较高的财经类应用型高校,地域范围涵盖了东、南、西、北、中全国大部分地区。调研对象如表5－1所示。

表5－1　财经类应用型高校调研对象

地域范围	调研学校
东部地区	浙江某金融学校
南部地区	广东某财经学校
西部地区	四川某商务学校、四川某工商学校
北部地区	北京某财贸学校
中部地区	山西某财政税务学校

调研项目涵盖学校预算管理体制、预算编制、预算执行控制和预算绩效评价等四个方面，调研内容总结提炼如表5－2所示。

表5－2　财经类应用型高校预算管理应用调研情况表

调研项目	具体内容
1. 预算管理体制	(1) 预算管理制度 (2) 预算管理组织体系 (3) 预算管理信息系统
2. 预算编制	(1) 预算编制流程 (2) 预算编制方法
3. 预算执行控制	(1) 责任预算体系 (2) 预算监督机制
4. 预算绩效考核	(1) 预算绩效考核体系 (2) 预算绩效奖惩机制

5.2.2　国内财经类应用型高校预算管理成功经验总结

针对财经类应用型高校强调学生形象思维，突出动手能力的特点，学校应鼓励各部门积极创新和申报实习实训项目。而财经类应用型高校的实习实训又具有需要开展的项目多、内容更新快、实训场所多样化、建设难易程度较难确定从而难以实现标准化、需创新设计等特点，对其预算管理应用有着更高的要求。国内财经类应用型高校的成功经验简要总结如下：

（1）项目预算申报应在学校预算组织体系与预算责任体系健全的基础上，严格论证预算项目的可行性。首先应由各项目负责人阐述该项目的建设内容、项目在教学体系中发挥的作用、该项目与学校事业发展规划以及年度目标的匹配程度、其预算编制计划的形成依据、要达到的绩效目标以及为完成该项目所需要精细化的各个分项目费用开支等。其次，由学校领导、预算管理委员会委员、相关专家以及项目开发商详细分析和科学论证该项目的可行性，以保证将学校有限的预算资金安排到最需要建设的项目上，避免出现因学校资源分配不合理导致部分学科资源闲置而急需发展的学科却得不到资金支持的问题。

（2）项目支出预算编制应在零基预算的基础上结合滚动预算，以应付将来项目建设过程中的不确定性因素。对于基本支出预算采用增量预算法，以上年学校的发生额为基础，结合学校事业发展趋势，测算本年度的预算发生额；对于项目支出预算应采用零基预算法与滚动预算法相结合的方法，在各部门严格论证其项目可行性基础上，以零为基础详细推算为完成该项目所需要精细化的各个分项目费用开支和进度安排，以及其测算依据和预计达到的绩效目标。在预算执行过程中，结合滚动预算法，借助预算管理信息系统，随时关注项目的进展动态和开支情况，依据最新变化及时做出调整，以保证在成本效益的基础上实现预期的绩效目标。

（3）预算执行控制应尽可能引入预算管理信息系统，对各预算责任部门的预算执行情况实施信息预警。预算信息预警要求快速反应以提请相关责任部门引起高度关注，如预计在建项目无法正常推进，预计经费支出出现较大波动等重大紧急情况时触发预警。再有，多渠道信息反馈系统可以进行跟踪监控，通过预算管理信息系统与会计核算系统的对接，自动计算预算执行进度比例，自动找出预算数和实际完成数二者间所形成的差异。再通过预算管理委员会办公室工作人员对产生差异的原因和性质进行分析，找出存在的问题，并及时提请责任部门纠偏或调整预算。同时，结合滚动预算依据项目最新动态进行滚动安排。

（4）预算绩效考核应强调目标导向激励，引入内部竞争机制，针对各部门、各机构处室本年度的预算执行情况做出客观公允的评价进而给出合理的奖惩。财经类应用型高校的预算绩效评价包括基本支出预算绩效评价和项目支出预算绩效评价，考虑到财经类应用型高校的实习实训项目预算具有难以标准化、需创新设计等特点，财经类应用型高校的预算支出绩效评价应以项目支出为重点。同时，绩效评价结果应与下一年度预算经费分配相结合。绩效目标制定合理且在年度预算绩效评估中效果良好的项目应优先安排预算资金，绩效目标编制不符合要求或在年度预算绩效评估中效果较差的项目应减少经费支持甚至不予安排预算资金。应设立绩效考核委员会，并对预算管理委员会负责。绩效考核委员会由人事处与财务处联合设立，制定学校绩效考核制度、指标考核体系以及相应激励制度等，报经校党委批准实施。绩效评价结果必须与各责任中心预算资金配置以及个人绩效、职称职务晋升挂钩，并强化行政问责。在当今高等学校"创新求发展"的时代，要充分调动各部门积极申报项目的主动性和积极性。

第 6 章　完善财经类应用型高校预算管理的措施建议

在提炼总结国内优秀财经类应用型高校预算管理成功经验的基础上，结合相关理论知识，借鉴国内外有关高校预算管理的相关研究成果，从预算管理体制、预算编制、预算执行控制和预算绩效评价四个方面，笔者对财经类应用型高校的预算管理提出以下优化措施。

6.1　深化全面预算管理观念，健全预算管理体系

高校的全面预算管理不仅贯穿高校业务活动的全过程，而且需要高校上下所有部门的共同参与，紧密配合。再有，学校领导对预算的重视程度也会直接影响预算的管理水平。因此，财经类应用型高校在深化全面预算管理观念和健全预算管理体系方面需要完成以下两个方面的工作。

6.1.1　高度重视预算管理工作，营造全面预算管理氛围

财经类应用型高校的最高管理层应高度重视预算工作，把预算管理工作放到非常重要的位置。同时，预算管理涉及方方面面，各部门需要紧密配合。首先，在每年的预算编制开始前，学校应专门组织预算管理专题培训，学校所有领导干部和广大教职

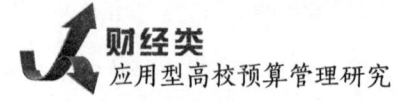

工都应该认真学习预算管理政策和要求,充分认识到预算管理对学校的生存和发展以及每位教职工利益的重要性。其次,在学校每年召开预算编制会议时,学校领导应坚持参加,向各部门、各机构处室传达精神并要求严格执行,使全校上下统一认识,明确各自的职责,真正发挥预算的导向作用。再次,学校领导应定期召开预算管理专题会议,通报各部门预算执行情况,针对各部门的基本支出和项目进度及支出情况进行评价并预警。此外,征集广大教职员工对学校预算管理的建议,引导全校教职员工重视、关心和监督学校预算管理的执行情况,为学校推进全面预算管理营造一个良好的氛围。

6.1.2 完善预算管理制度,优化预算组织体系与编制流程

全面预算的有效实施,离不开完善的管理制度作保障。财经类应用型高校应该结合自身的实际情况和相关文件的要求,制定《财经类应用型高校预算管理制度》,从预算管理体制、预算编制、预算执行控制和预算绩效评价等多个方面对其预算管理制度加以完善,使其成为学校预算管理工作的指挥棒。

财经类应用型高校应优化其原有预算组织体系,使其真正成为实现预算管理目标的组织保障。预算组织体系应当包括预算审批机构、组织机构、编制执行机构、预算监控机构以及预算绩效考核机构。

校党委为预算的审批机构,负责审议批准学校的年度预算方案。

设立预算管理委员会作为学校预算组织机构,该委员会由校长直接领导,具体成员包括相关副校长以及财务处、人事处、教务处、教学各系部、学工部、纪检委、后勤处等各部门的负责人和一定数量的相关专家代表。预算管理委员下设预算管理办公

室，由校长直接领导，财务处处长为办公室执行主任，负责带领预算管理办公室人员组织具体预算工作。

教学各系部、各处室部门为预算的编制和执行机构。在每年编制预算时，由预算管理委员会召集预算管理委员会委员召开预算工作会议。由于各部门、各机构处室的负责人是预算管理委员会委员，在一定程度上便于针对各部门提出的问题加以沟通，合理确定各部门的年度预算目标，协调预算管理工作中出现的各种问题，从而充分发展预算的指导及沟通协调作用。

预算管理委员会下设的预算管理办公室作为预算监控机构，在执行主任财务处长的带领下对各二级部门的预算执行情况进行控制和分析，针对各部门的基本支出和项目进度以及支出出现的偏差进行预警和纠偏，对于偏差较大或难以改进的事项及时上报预算管理委员会领导召开预算专题会议，寻求解决方案，以保证学校各部门的预算项目得以顺利完成。此外，学校监审处对预算执行进行定期或不定期审计，审查各项费用开支情况是否真实合法。

由财务处、人事处以及监审处联合设立的绩效考核委员会作为预算绩效考核机构，并对预算管理委员会负责。绩效考核委员会制定预算绩效考核制度、考核指标体系和激励制度，经预算管理委员会审议后报经学校党委会批准实施。在每年预算编制开始前，由绩效考核委员会向各部门教职员工宣布预算管理绩效考核及奖励制度；在预算年度结束后由绩效考核委员会依据绩效考核体系对各部门的预算执行情况进行考核，并将考核结果形成绩效考核报告提交给预算管理委员会；预算管理委员会在充分听取各委员陈述意见后撰写对各部门的奖惩意见，报学校党委会审批后执行。

在优化财经类应用型高校预算组织体系的基础上，应规范其预算管理流程：年初由学校党委会依据事业发展规划确定年度预算目标并下达给预算管理委员会；预算管理委员会依据年度预算目标并结合上年度预算考评结果，在充分沟通和协商的基础上进行分解，形成各部门的年度分目标；各部门依据年度分目标编制分预算后报给财务处，财务处依据各部门分目标进行初步审核，若有偏差则返回相应部门重编，然后依据各部门预算汇总编制综合预算并上报给预算管理委员会；预算管理委员会依据年度预算目标和各部门年度分目标对各部门预算和综合预算审查后上报学校党委会审批；学校党委会审批通过后的预算下达给各预算责任部门，并在预算管理委员会监控的情况下执行年度预算，预算管理委员会办公室定期预警预算执行偏差并加以分析改正，并定期对各部门预算执行情况进行考核。预算编制流程如图 6-1 所示。

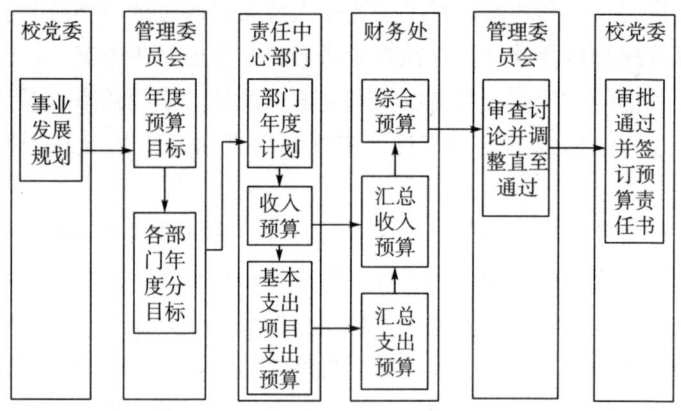

图 6-1　预算编制流程图

6.1.3　引入预算管理信息系统，提升预算管理效率水平

全面预算管理包括预算管理体系的构建、预算目标的确定、预算编制与执行、预算控制以及绩效评价等多个方面，其工作效率水平的提升离不开完善的信息系统支持。如前所述，有些财经

第 6 章　完善财经类应用型高校预算管理的措施建议

类应用型高校除了上报财政的预算有专门的系统外,学校内部预算管理并没有专门的系统,而是在每年靠人工建立表格来完成预算的编制与分析。这种简陋的预算管理系统使每年的预算管理工作变得非常烦冗复杂,无法推进预算的精细化。更重要的是,在有些财经类应用型高校没有建立多渠道信息反馈系统,预算执行与会计核算无法做到及时对接的情况下,财务处进行预算执行信息预警和及时纠偏就会变得非常困难。

在当前信息化程度较高的大数据时代,财务转型已成为必然趋势。建议财经类应用型高校应该尽快引入预算管理信息系统,实现全面预算的信息化。第一,信息化水平的提升会使得处理复杂的预算编制和预算分析成为可能,并通过多维信息系统使组织、管理、业务、成本费用等方面的关键要素在预算信息中得到充分体现,为多维数据挖掘提供基础的同时也使全面预算更加精细[①]。第二,多渠道信息反馈系统便于预算执行与会计核算做到及时对接,形成集预算、审批、报销、核算于一体的费用管理系统闭环。同时对关键指标进行机动分析,实时监测、统计、分析各个项目进展的全部细节,通过自动化返回信息进行实时控制,真正实现预算执行信息预警和及时纠偏。第三,通过信息系统的高效处理和精确跟踪,每个环节进行财务处理的时间都得以精确的显示,便于对各个责任中心进行责任认定和绩效考核。第四,预算管理信息系统可以增强各部门之间的联系,便于各部门之间取长补短。更重要的是,便于预算管理委员会在及时了解各预算责任部门的预算执行情况和项目最新动态的基础上,与各预算责任部门进行及时沟通。

---

① 宋慧晶、孟凡斌:《高校预算管理的信息化研究》,《商业会计》,2012 年第 14 期,第 98~99 页。

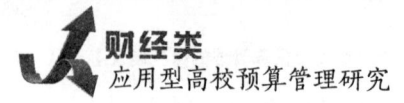

6.2 合理确定预算目标,科学选择预算编制方法

预算目标的确定是财经类应用型高校预算管理中非常重要的一环。如前所述,由于财经类应用型高校实习实训项目具有难以标准化、需创新设计的特点,由此在年初确定各部门预算目标时,项目的可行性论证就变得非常重要。在每年申报项目预算时,首先应由各项目负责人阐述该项目建设内容、建设项目在教学体系中发挥的作用、该项目与学校事业发展规划以及年度目标的匹配程度、其预算编制计划的形成依据、预计要达到的绩效目标以及为完成该项目所需要精细化的各个分项目费用开支等。其次由学校领导、预算管理委员会委员、相关专家以及项目开发商详细分析和科学论证该项目的可行性,以保证将学校有限的预算资金安排给最需要建设的项目,避免出现因学校资源分配不合理导致部分学科资源闲置而急需发展的学科却得不到资金支持的严重问题。下面以预算管理水平较高的 B 财经类应用型高校在省级示范建设中的会计专业及专业群项目为例,论证财经类应用型高校如何将建设项目与预算进行有效衔接。

B 财经类应用型高校于 2016 年申请建设省级示范性院校。学校力图在办学体制机制创新、财经类专业人才培养模式改革、师资队伍与领导能力建设、社会服务辐射能力建设、学生职业素质提升等五个方面进行示范性建设,将通过"五种路径",推进"五项建设",实现"五个突破"作为示范性建设的基本思路:一是以"体制创新"为路径,推进办学体制建设,实现办学活力上有新突破;二是以"合作育人"为路径,推进"五对接"建设,实现人才培养质量提高上有新突破;三是以"层级开发"为路径,推进师资队伍和领导队伍建设,实现教师素质和领导能力提高上有新突破;四是以"标准跟进"为路径,推进社会服务建

第6章 完善财经类应用型高校预算管理的措施建议

设,实现社会服务能力增强上有新突破;五是以"多元融合"为路径,推进"职业素质教育工程"和"财经职业素养基地"建设,实现学生职业素质提升上有新突破。通过示范建设,全面提升学校的办学水平,增强学校主动服务行业、企业和区域经济的能力,培养德智体美全面发展的社会主义建设者和接班人,办好人民满意的高等教育。学校示范性建设方案依据国家、省有关政策、规划及学校"十三五"事业发展规划编制;建设资金4500万元,其中省财政投入750万元,举办方投入750万元,行业企业投入300万元,学校自筹经费2700万元;项目建设周期为三年(2016—2018年)。具体安排如表6-1所示。

B财经类应用型高校级示范建设项目内容包括会计专业及专业群建设、金融管理与实务专业建设、市场营销专业及专业群建设、办学体制机制创新建设、师资队伍与领导能力建设、社会服务能力建设以及学生职业素质提升项目建设等七部分建设项目。针对省级示范建设项目中包括的七部分建设项目,在预算目标下达时应充分推敲每部分的建设内容以及相应的资金规划是否合理。B财经类应用型高校作为财经类应用型高校中的典型代表,近年来在财经类应用型兄弟院校中起到了一定的示范带头作用。尽管其预算管理还存在着一些问题,但该校的领导和管理层在尽力弥补以往预算管理中的不足,不断完善其预算管理制度,在省级示范建设项目上精益求精,不断完善,其省级示范项目建设及预算管理得到了业内的一致好评。

下面简要介绍B财经类应用型高校省级示范会计专业及专业群建设内容与经费预算情况,可供财经类应用型兄弟院校在进行项目预算时参考借鉴。会计专业及专业群建设项目资金投入1300万元,具体资金投入预算情况见表6-2。具体建设内容如下:

表 6-1 示范建设项目经费预算安排表

单位:万元

序号	建设项目	省财政投入				举办方投入				学校自筹				行业企业投入	合计
		2016	2017	2018	小计	2016	2017	2018	小计	2016	2017	2018	小计		
1	会计专业	109	121	120	350	109	121	120	350	148	158	154	460	140	1300
2	金融管理与实务	60	70	70	200	60	70	70	200	130	140	150	420	80	900
3	市场营销	60	70	70	200	60	70	70	200	60	75	85	220	80	700
4	办学体制机制	—	—	—	0	—	—	—	0	95	100	105	300	—	300
5	师资队伍与领导能力	—	—	—	0	—	—	—	0	121	130	149	400	—	400
6	社会服务能力	—	—	—	0	—	—	—	0	100	120	180	400	—	400
7	学生职业素质提升	—	—	—	0	—	—	—	0	180	110	210	500	—	500
	合计	229	261	260	750	229	261	260	750	834	833	1033	2700	300	4500

第6章 完善财经类应用型高校预算管理的措施建议

表6-2 会计专业建设经费预算

<table>
<thead>
<tr><th rowspan="2">建设内容</th><th colspan="4">资金预算及来源</th><th colspan="4"></th><th colspan="4"></th><th colspan="4"></th><th rowspan="2">合计</th></tr>
</thead>
</table>

建设内容	地方财政投入(万元)(来源:省财政)				主管部门投入(万元)(来源:学校主管部门)				行业企业投入(万元)(来源:校企合作企业)				其他投入(万元)(来源:学校自筹)				合计
	2016	2017	2018	小计	2016	2017	2018	小计	2016	2017	2018	小计	2016	2017	2018	小计	
合计	109	121	120	350	109	121	120	350	47.9	45.8	46.3	140	148	158	154	460	1300
人才培养模式改革 — 1. 人才培养机制创新	3	0.5		3.5	3	0.5		3.5	10	10	10	30	2	2	1	5	42
2. 人才培养方案开发	2	0.5		2.5	2	0.5		2.5	5	5	5	15	2	2	2	6	26
3. X集团会计学校、代理记账会计学校	5	8	11	24	5	8	11	24	5	5	5	15	5	10	10	25	88
小计	10	9	11	30	10	9	11	30	20	20	20	60	9	14	13	36	156
课程建设与教学改革 — 1. 核心课程标准制定	1	2		3	1	2		3	0.5	0.5		1	1	1	1	3	10
2. 课程建设	5	5	5	15	5	5	5	15		3	4	7	5	5	5	15	52
3. 教材建设	2	5	6	13	2	5	6	13					5	5	5	15	41
4. 专业建设网站	4	3	4	11	4	3	4	11	1	1	1	3	5	5	5	15	40
5. 教学模式改革探索	1	1	1	3	1	1	1	3					1	1	1	3	9
小计	13	16	16	45	13	16	16	45	1.5	4.5	5	11	17	17	17	51	152

续表

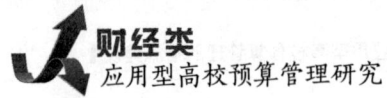

资金预算及来源

建设内容		地方财政投入(万元)(来源:省财政)				主管部门投入(万元)(来源:学校主管部门)				行业企业投入(万元)(来源:校企合作企业)				其他投入(万元)(来源:学校自筹)				合计
		2016	2017	2018	小计	2016	2017	2018	小计	2016	2017	2018	小计	2016	2017	2018	小计	
师资队伍建设	1.引进、聘请和培养专业带头人	7	7	7	21	7	7	7	21	1	0.5	0.5	2	15	15	15	45	89
	2.建设骨干教师队伍	5	8	8	21	5	8	8	21	0.5			0.5	10	10	10	30	72.5
	3.建设兼职教师队伍	2	2	2	6	2	2	2	6	0.5			0.5	2	2	2	6	18.5
	4."双师"素质教师培养	6	8	8	22	6	8	8	22		0.5	0.5	1	10	10	10	30	75
	5.X集团、代理记账公司会员单位工作室	2	2	2	6	2	2	2	6	4	4	4	12	2	2	2	6	30
	6.教师业务提高以及基层开发	5	5	5	15	5	5	5	15	0.4	0.3	0.3	1	7	7	7	21	52
	小计	27	32	32	91	27	32	32	91	6.4	5.3	5.3	17	46	46	46	138	337

第6章 完善财经类应用型高校预算管理的措施建议

续表

	建设内容	地方财政投入(万元)(来源:省财政)				主管部门投入(万元)(来源:学校主管部门)				行业企业投入(万元)(来源:校企合作企业)				其他投入(万元)(来源:学校自筹)				合计
		2016	2017	2018	小计	2016	2017	2018	小计	2016	2017	2018	小计	2016	2017	2018	小计	
实训基地建设	1. 新建校内实训室	10	20	20	50	10	20	20	50	5	5	5	15	10	20	20	50	165
	2. 校内实训基地的改扩建	20	10	7	37	20	10	7	37	5	5	5	15	20	15	12	47	136
	3. 校内实训基地教环境建设		5	5	10		5	5	10					5	5	5	15	35
	4. 校外实训基地的建设	1	1	1	3	1	1	1	3	4	5	5	14	1	1	1	3	23
	小计	31	36	33	100	31	36	33	100	14	15	15	44	36	41	38	115	359
社会服务	1. 技术服务	3	3	3	9	3	3	3	9					4	4	4	12	30
	2. 社会培训	3	3	3	9	3	3	3	9					3	3	3	9	27
	3. 会计职教体系建设	3	3	3	9	3	3	3	9					3	3	3	9	27
	小计	9	9	9	27	9	9	9	27					10	10	10	30	84

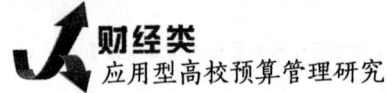

续表

资金预算及来源

建设内容		地方财政投入(万元)(来源:省财政)				主管部门投入(万元)(来源:学校主管部门)				行业企业投入(万元)(来源:校企合作企业)				其他投入(万元)(来源:学校自筹)				合计
		2016	2017	2018	小计	2016	2017	2018	小计	2016	2017	2018	小计	2016	2017	2018	小计	
学生职业素质	财经素养培育中心	4	4	4	12	4	4	4	12					4	4	4	12	36
	大学生创业园	4	4	4	12	4	4	4	12	1	1	1	3	5	5	5	15	42
	综合素质培养与测评	1	1	1	3	1	1	1	3					1	1	1	3	9
	小计	9	9	9	27	9	9	9	27	1	1	1	3	10	10	10	30	87
专业群建设		10	10	10	30	10	10	10	30				5	20	20	20	60	125

6.2.1 人才培养模式改革建设

1. 优化联盟平台，创新办学体制

省财经职业教育联盟是在省教育厅的指导下，在行业协会的主导下，依托举办方省财政厅的组织优势、资源优势、信息优势，由B财经应用型高校发起成立的。联盟以利益为杠杆，以互惠共赢为原则和各自承担相应责任为基础，将政府、行业、企业、院校联合起来，形成教育需求信息的汇集平台、教育合作机会的发现平台、教育资源配置的优化平台、教育模式探索的创新平台和教育成果服务的共享平台。通过不断建设，完善理事会治理结构，将财经职教联盟建设成校企之间互补型横向链接和人才培养上的纵向联盟，从而促进人力、物力、财力的共享，更好地实现利益相关者的发展共赢，形成适应开放办学需要的，由"政、行、企、校"共同参与，有效协同、优势互补、资源共享、利益交融的财经职业教育发展战略联盟，为学校又好又快发展创造良好的外部环境。

2. 建立长效机制，保障合作运行

通过建立党委领导下的校长负责制与联盟理事会制相互融通机制，提升决策水平；构建参与机制，消除合作壁垒；发挥联盟理事会的协调作用，整合社会资源，形成"政、行、企、校"多方联动的协同育人的长效机制，保障合作办学的高效运行。

3. 创新合作模式，增强办学活力

学校以项目为载体，通过与政府、行业、企业、兄弟院校合作，从利益均衡出发，讲互惠，讲共赢，开展多渠道合作；从实际效果出发，讲绩效，讲深化，开展多种形式合作；从共同发展

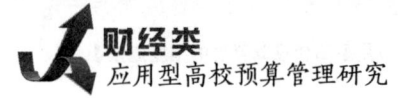

出发,讲长效,讲愿景,开展持续合作。在项目管理运作上采用项目化工作思路和管理方法,确保合作实效,通过不断拓展合作的深度和广度,增强学校的办学活力。

4. 政行企校合作育人机制与专业结合,组建"一中心、二学校",推进校企深度对接

在学校现有"财经职业教育联盟"的基础上,进一步深化政府、行业、企业和学校四方合作,完善由政行企校代表组成的会计专业建设指导委员会,优化四方合作的保障制度,指导会计专业建设,形成四方合作、互利共赢的合作育人机制。组建"一中心、二学校",即"现代服务业会计实账项目中心""×集团会计学校"和"代理记账会计学校",实现四方人力、智力、市场、资金等资源的优势互补。

5. 按照"培养主体合作化、培养方式多样化、培养过程阶段化"的建设思想,继续优化"三维共育"人才培养模式

继续推进专业与产业、课程内容与职业标准、教学过程与工作过程、学历证书与职业资格证书、职业教育与终身教育等五项对接,优化"三维共育"人才培养模式。在培养主体方面,学校和企业两个主体,通过六种具体的方式充分协作,实现校企双方在人才培养方面系统、深入的交流合作;在培养方式上,课堂教学采用项目导向、任务驱动等教学方式,并继续优化会计专业"T"型会计教学实践体系,通过多种方式紧密结合,实现对学生从专业纵深到横向拓展能力的全面培养;在培养过程上遵循人才培养和职业成长规律,阶段化教学,循序渐进地完成培养任务。

会计专业人才培养模式改革资金投入156万元,具体资金投

入预算情况见表 6-2。

6.2.2 课程建设与教学改革

构建"一个贯穿、两个重点、三个领域"的课程体系，完善精品资源共享课程、精品教材以及专业教学资源库等建设。

校企共研专业课程体系，以职业岗位能力分析为基础，以人才培养目标为引导，创建"一个贯穿、两个重点、三个领域"的课程体系，将培养学生从事会计职业岗位工作的综合能力素质作为贯穿始末的主导思想；在整个培养的过程中，牢牢抓住政行企校合作育人和工学结合两个重点；构建基础学习领域、专业能力学习领域和专业拓展学习领域三大学习领域。在三年建设期间，进行基于工作过程的专业核心课程的开发，重点建设11门核心课程，其中，在已有2门省级精品课程的基础上，新建省级精品资源共享课程1~2门、院精品课程7~8门。在三年内，编写一套专业核心课程教材（11部）。其中，省教育厅精品教材3部，院精品教材8部。建设会计专业教学资源库，提供信息互用、资源共享服务平台（特色网站——B财经应用型高校会计教育在线网站），为本校以及其他兄弟院校的会计专业学生的自主学习和本省企业财务人员的继续教育提供社会服务支持。

会计专业课程建设与教学改革资金投入152万元，具体资金投入预算情况见表6-2。

6.2.3 师资队伍建设

1. 创新"层级开发"机制，强化教师队伍整体素质提升

创新教师层级开发路径，按照合格教师、优秀青年教师、骨干教师、专业带头人、教学名师、首席教师六个层级（层级素质

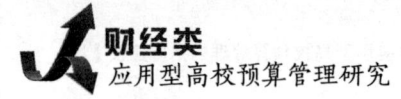

能力及要求见表6-3）开发提升全体教师的整体素质。通过开展教师素质提升主题活动，形成一个宽松活泼的教师发展环境。

表6-3 师资层级素质能力及要求

师资层级	素质能力及要求
合格教师	参与课程建设，教材建设，师企挂钩，实践教学锻炼
优秀青年教师	教学改革实践，双师素质，核心课程标准制定，企业挂职锻炼
骨干教师	教学资源库建设，实训基地建设，精品课程建设，人才培养模式改革实践，企业挂职锻炼
专业带头人	校企合作，人才培养模式创新带头人，实训基地建设，实践创新带头人
教学名师	开展名师讲坛，示范引领，教学、科研、服务具有较强的行业影响
首席教师	师德品质高，专业能力强，教学水平高，科研能力强，社会影响大

2. 实施"铸魂工程"，强化师德建设力度

教师的职业道德教育是高校教师队伍建设的灵魂。对教师开展职业道德教育，是打造高素质教师队伍的核心内容。教师的仪表、工作作风、言谈举止和良好习惯，是教师良好素质的外化，教师自身形象对学生的发展有强烈的示范型与感染性，教师必须努力提高自身的思想品德修养。通过加强和改进教师思想政治教育、职业理想教育、职业道德教育增强教师的荣誉感、责任感和使命感，促进教师树立"学高为师，德高为范"的良好教师形象。

3. 实施"夯基工程",提高教师"双师"素质和教学能力

根据"以市场为导向,以能力为中心"财经类应用型教育的理念和"实践性、开放性和职业性"的财经类应用型教育特点,增强教师专业实践能力,提高教师的教学技术与艺术水平是财经类应用型高校师资队伍建设的关键。通过实施"夯基工程",重点提高教师的"双师"素质和教师的教学能力。

4. 实施"雁队工程",强化专业教师团队建设

雁队工程主要是建设以专业带头人为引领的"双师型"专业教师团队,"双师型"专业教师团队建设是学校彰显特色、提升整体办学水平最重要的基础工作。其中包括两个子工程,即头雁工程——专业带头人队伍建设、双翼工程——专兼结合"双师"结构教学团队建设。着力打造"数量充足、素质优良、结构合理、富有活力"的"双师"结构教学团队,培育团队的开放性、协作性、平等性和包容性精神,建设"追求卓越""和谐共赢"的团队文化,校企"双元联动"培养"双专业带头人",深度融合建设专兼结合的"双师"结构专业教学团队。

5. 实施"能力提升"工程,强化会计学院领导班子建设

本着建设"科学决策、民主管理、开拓创新、精诚团结"的领导班子和"理念先进、作风严谨、求真务实、奋发有为"的干部队伍,在完善党委领导下的院长负责制和系(部)党政共同负责制,实行学校年度目标管理基础上,通过加强学习型领导班子建设,建立健全以干部教育培训积分制为手段的干部研修管理制度,不断提高领导班子和干部队伍的思想政治素质;通过探索符

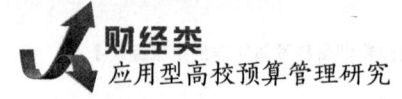

合现代高职教育发展需要的治理结构,充分发挥学校校企合作理事会作用,切实提高科学决策能力;通过广泛开展社会调研,深入学习国内外先进的职教理念,切实提高战略规划能力,通过全力推进"政行企校"深度合作,积极开展校友联谊活动,切实提高资源整合能力。

6. "室基建设、双岗双带""层级开发、目标激励",不断优化师资队伍结构

在现有省级优秀教学团队的基础上,校企共培双师素质队伍,设立校外专家工作室和学校驻企工作站,通过"双岗制"提高专兼职教师的实践技能和教学水平,实行"双带头人"制度,发挥企业专家在专业建设中的作用。优化师资队伍结构,使兼职教师承担的专业课学时比例达到50%以上,专业教师"双师"素质比例达到95%以上。通过"二元共建"教学团队,实现"课堂教学有双师、实训实习有能师、社会服务有名师"。

会计专业师资队伍建设资金投入337万元,具体资金投入预算情况见表6-2。

6.2.4 实训基地建设

在现有实习实训基地的基础上,借助于"一中心、二学校"的建设,完善"T"型会计教学实践体系,进一步建设校内外实训实习基地。在三年建设期间,增建校内实训室3个,改扩建校内实训室4个,加强实训室软件建设。在加强原有45家校外实践基地的基础上,新建30家校外实习基地,进一步完善校外实习基地的运行和管理机制。

图6-2为B财经类应用型高校会计专业搭建的由专业纵深到横向拓展的"T"型实践教学体系。

第6章 完善财经类应用型高校预算管理的措施建议

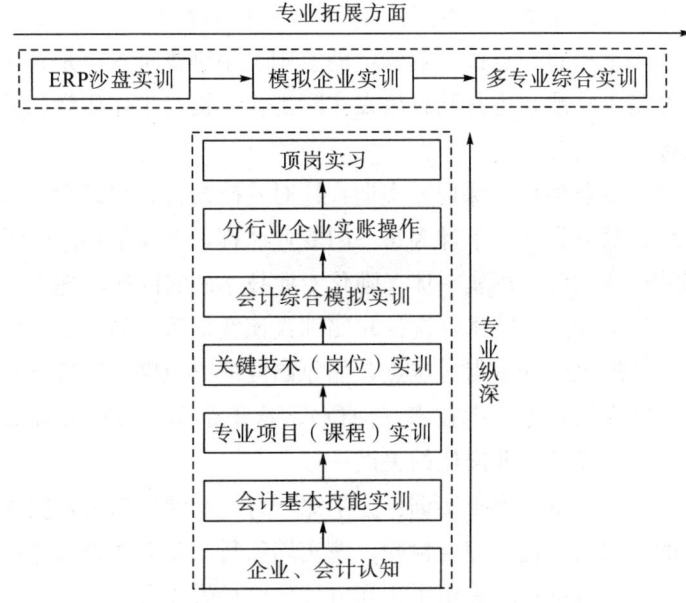

图6-2 "T"型实践教学体系图

在专业纵深方面,学校遵从学生的认知规律与职业成长规律,按照"企业、会计认知→会计基本技能实训→专业项目(课程)实训→会计关键技术(岗位)实训→会计综合模拟实训→分行业实账实训→顶岗实习"的顺序为学生开展实训项目,以达到专业技术精益求精的目的。

(1)企业、会计认知:该实训项目安排在学生刚入学阶段。面对企业和会计毫无感性认识的会计专业学生,一方面学院带领学生到校企合作单位进行感性认知;另一方面,以展示厅形式设计建设企业会计认知实训室,主要包括会计史料、会计工具、会计文化、学院会计专业发展、历届学生优秀作品及国内外发生的会计、审计与税收的违法违规案例资料等。可以让学生了解会计发展的历史过程和会计记账方法的演变过程,增强学生学习专业的兴趣。

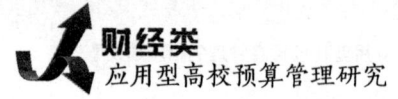

(2) 会计基本技能实训：作为日后科班出身的会计专业学生，数码字书写、点钞、真假币的鉴别、小键盘录入等是其必备的财经基本技能，也是其日后在实际工作中提高工作质量和效率的保证。

(3) 专业项目（课程）实训：针对基础会计、财务会计、成本会计、财务管理、审计等每一门专业课程，开发了相应的项目实训并形成软件，理实一体，强化专业技术的实际操作能力。

(4) 会计关键技术（岗位）实训：该实训项目的主要目的是突破会计技术中的重点与难点，如原始凭证的识别与审核、出纳岗位、库管岗位等关键技术（岗位），这正是学生掌握会计专业技术，日后胜任就业岗位的关键一环。

(5) 会计综合模拟实训：在学完所有专业课程以后，应该对学生的学习成果进行综合检验。该实训项目与某集团公司进行合作，完善实训资料，采用手工和电算化两种操作形式，三位学生一组，分设出纳、成本会计、财务主管三个岗位，分上旬、中旬、下旬轮岗，共同完成公司一个月的会计任务。

(6) 分行业实账操作：学生在校的专业学习是以工业企业为背景，而财经类应用型高校的学生中有相当比例的毕业生就业于中小企业，且分散到不同行业。基于此，学校设立"会计实账项目中心"。该中心依据省产业结构调整，按照省"十二五"发展规划中重点建设现代服务业的要求，选取学生就业去向较多的物流、商贸、建筑安装、旅游饭店、房地产等行业建设会计实账项目中心。一方面，聘请行业的实践专家担任指导教师，他们将自身企业的"实账资料"带入学校，并且对学生的操作进行指导并考核，从而为现代服务业培养并输送专门人才；另一方面，为行业企业进行财务制度设计与咨询，开展财务人员业务培训，构建企业财务人员的终身教育体系。

(7) 顶岗实习：在学生即将毕业的最后一学期，学生进行为期半年的顶岗实习。学院与若干集团公司合作,共建"×集团会计学院";与市代理记账协会合作,共建"代理记账会计学院"。并以学院成立的"财经职教联盟"为基础,与多家企业合作,形成稳定的校外实习基地,为学生校外实习提供保障。

专业横向拓展方面,考虑到会计专业作为管理学科,学生的后续发展将走向管理岗位,因此,相继为学生提供了 ERP 实训、模拟企业实训、多专业综合实训等项目,以拓展学生的眼界,达到综合运用专业知识,提高综合管理能力的目的,充分体现了培养"T"型经营管理人才的理念。

其中,ERP 沙盘模拟实训让学生对企业经营管理、资源优化配置有一个全面感性的认识;模拟企业实训更加具体地让学生熟悉企业内部操作流程;多专业综合实训由企业内部拓宽到企业外部,提升学生企业内部管理水平以及与企业外部利益相关者(如银行、税务、工商、事务所等)的沟通协调能力。并积极引进现实经济社会元素和信息化技术,优化职场工作环境,建设具有财经管理特色的实践教学资源库,努力将多专业综合实训与各专业培养目标、就业岗位群及其核心能力结合,在横向拓展业务的同时挖掘各岗位工作深度,将职业岗位工作与专业职业能力培养融合。进一步探索以制造企业为核心的多部门、多服务业组织的协同,进一步完善实训组织、运行模式和评价体系,完善多专业综合实训课程,致力培养学生的综合职业能力和职业迁移能力。该项目由于具有创新性与有效性,得到了中央财政资金的大力支持,并且由中央电视台进行了相关报道。

会计专业实训基地建设资金投入 359 万元,具体资金投入预算情况见表 6-2。

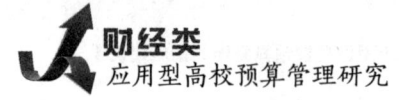

6.2.5 社会服务能力建设

1. 根植行业，财税培训

随着国家对"三农"投入加大，减免农税政策、支农惠农政策的不断出台，农村社会公共事业发展步伐不断加快，各级财政用于"三农"资金的规模越来越大，农村公共服务的内容越来越多，基层财税工作任务不断加重，对基层财税工作的要求越来越高。因此，在新的形势下，客观上要求加强基层财税队伍建设，重点任务是加强基层财税干部培训工作。

2. 携手兄弟院校，辐射提升

近年来，随着国家大力推进应用型教育建设，着力构建具有中国特色的应用型教育体系，应用型教育实现了跨越式发展。随着招生规模的不断扩大，应用型学校加强师资力量，优化教学实训资源，强化专业课程建设，为学生搭建通往专硕层次"立交桥"的诉求日趋强烈。本科、专硕教育携手，将财经类应用型教育的优势资源应用于企事业单位实际，可帮助企事业单位解决财经技能与管理的困境，引领财经类应用型教育朝着更好更快的方向发展。

3. 进乡入企，管理咨询

B 财经应用型高校所在省农村小规模家庭经营，小农经济和自然经济的特征比较明显，组织化程度低，专业化、社会化、商品化水平不高；绝大多数农民是在维持简单再生产，与市场经济之间没有建立起真正有效的联系；农民收入低，增加收入困难；农民消费水平低，缺乏服务需求；农村缺乏吸引力，人才、资金等资源流失严重；城乡分割的二元体制影响制约农村发展；"三农"中存在着规模效益、最佳投入、产品周期、市场策划、资金筹措、市场销售、乡村债务等一系列问题有待解决。在市委、市政府大力培育和扶持中小企业发展的政策引领下，市中小微企业实现跨越式发展，中小微企业数已占企业总数的 95%，为当地经济发展、税收收入增加、提升就业率等诸多方面做出了积极贡献。在市场经济运行过程中，在"看不见的手"的支配下，财务主体尽其所能追求财务利益最大化，但由于会受到信息、能力等方面的限制，中小微企业的财务行为难免会出现盲动性、滞后性，这不但会造成财务主体利益受损，而且对产业整体协调发展非常不利。管理咨询服务于乡镇及中小微企业，弥补其能力的不足，减少其决策的失误，客观上减少了盲目性，修正了市场反应的滞后性，有利于优化资源配置，不仅是提升中小微财务运营能力、综合管理能力、综合竞争力的有效手段，而且还可以给客户提供一个认识、学习财务、金融、营销知识技能的机会，对于提高客户能力、促进其发展具有重大意义。鉴于此，乡镇及中小微企业迫切需要一个专门的机构为其提供管理咨询服务。

4. 继续教育，基地建设

市场经济是竞争经济、法制经济，尤其是在知识经济和信息时代，要求现代会计必须随之转轨变型，由报账型向管理型、决策型转变；由事后型向事前、事中、事后型全过程转变；由被动型向能动型、自主型转变；由传统手工方法向现代高科技、网络化、规范化转变。适应形势，更新知识，不断进行会计人员继续教育培训学习，是提升会计行业服务质量的重要组成部分。B 财经应用型高校每年承担的会计从业人员继续教育、助理会计师和会计师培训近 5000 人次。2010 年受省财政厅会计处委托，由该校负责会计基础、财经法规与会计职业道德、初级会计电算化三门会计从业人员资格考试命题工作。该校还是省会计系列职称考试及西部其他省份会计职称系列考试阅卷基地。

5. 构建终身职业教育体系，提升社会服务的质量，更好地服务地方经济

利用学校现有的政行企校合作平台，研究本科会计专业以及专硕会计专业在培养目标、课程体系与教材、教学资源、教学过程、招生制度、评价机制、教师培养、行业指导、集团化办学方面对接的概念框架，打通会计职业教育的通道。根据人生发展历程和职业发展规律，进一步区分、细分本科会计专业、专硕会计专业各自的"服务域"和"发展域"，进行人才培养模式衔接的改革。利用会计培训教育的平台，加强各级会计师资格的培养力度，并吸引会计专业毕业生和在职人员回校深造，以应对产业结构调整及职业生涯的变化。

会计专业社会服务能力建设资金投入84万元，具体资金投入预算情况见表6-2。

6.2.6 学生职业素质提升建设

1. 建设财经职业素养培育中心，不断强化财经文化的育人功能

加快建设好"财经素养培育中心"建设项目，以"诚信、敬业、公正、责任"为核心的财经职业道德精髓来打造我院主题式的财经文化校园，建成财经文化长廊，凸显"高等""财经""职业"特征的校园环境文化。着力打造高品位的"人文校园"、美化高生态的"绿色校园"，切实做到校园规划布局美、工程建设美、生态绿化美和人文环境美，以此优化具有财经文化特色的育人环境。

2. 建设校内创业园，着力培育学生的创新意识和创业能力

建设校内大学生创业园，给学生提供创业实践的广阔空间和实战平台，以培育学生创业能力，激发学生的创业激情。学校投资建设创业园所需的硬件条件和较好的经营环境，学生以"学校投资、学生管理"或"自主投资、独立经营"这两种不同方式参与创业实践。学生在创业园里，从事经营实体的店面销售、仓储管理、经营策划、商务洽谈、财务管理等经营管理活动，并获取相应的劳务报酬或分享投资回报。除各创业团队不具备独立法人资格外，经营活动均可在学校规定的范围内进行市场化自主运作。学生通过进入真实的工作岗位以感知职场的工作压力、规范管理和现实要求，从而培养学生的创新意识和创业能力。

3. 实施"八大主题工程"，综合提升学生的职业素质

在"三大平台"的基础上，学校通过主渠道与主阵地的紧密配合，依托校内外的教育教学资源，以培育学生"职业素质"为目标，紧紧围绕职业生涯、职业道德、职业行为、职业心理、职业技能和人文素养等内容全面推进"八大主题工程"的深入开展，以努力实现学生"品德高、技能精、身心健、行为美、善理财、会经营"的职业素质培养目标。

4. 增强学分银行功能，完善"德育、学业、艺体"三位一体的综合素质评价体系

以"多元智能"为基础，着眼学生的人生成长和职业发展的基础性要素，重点突出职业素质养成教育。素质评测兼顾课内教学与课外实践的统一、学习过程与实际成效的统一，最终形成引

导和反映学生知行统一的评测模式。实行德育学分、学业学分、艺体学分分项量化评价机制。在综合素质评价中充分体现德育和艺体的比重,强化实践育人环节,引导学生在职业技能形成的过程中逐步养成良好的职业道德,树立高度的社会责任感,努力把学生培养成为社会主义建设的高素质技能型专门人才,努力使学生的人格、智格、心格、体格和行格全面发展、持续提升。

会计专业学生职业素质提升建设资金投入 87 万元,具体资金投入预算情况见表 6-2。

6.2.7 会计专业群建设

会计专业群涵盖会计、审计、财务管理、会计电算化等四个专业。专业群建设思路为以会计专业建设为龙头,发挥群内各专业优势,优化资源配置,实现专业群内资源共享。

发挥会计专业在院内整个会计专业群中的示范、引领和辐射作用,以会计专业建设为龙头,优化资源配置,实现专业群内资源共享。具体包括:以培养学生的岗位技能为出发点,完善并提升会计实践基地的功能,借助会计专业"一中心、二学校"的建设、"会计认知实验室"建设、审计实务专业与省注册会计师协会合作的"注协审计学校"的建设、会计电算化专业与集团公司合作的"×集团公司学校"建设,提升整个会计专业群的校企合作水平;加强专业群课程体系建设和教学内容改革;提高专业群内专业教师的教学水平,打造一支师德高尚、技能精湛、结构合理的专业群师资队伍等。

会计专业群建设资金投入 125 万元,具体资金投入预算情况见表 6-2。

在合理确定预算目标之后,接下来就是如何选择预算编制方法的问题。以前面所述的 A 财经类应用型高校为例,依据《A 财经类应用型高校预算管理办法》,其预算编制方法采用增量预算法和零基预算法相结合的方法，项目支出要求采用零基预算法，但在执行过程中出现了问题，使其零基预算编制方法流于形式。各部门在提交项目支出预算时只是简单地提出需要做的事情和相应的费用开支，并没有详细的测算依据和绩效目标描述。因此，财经类应用型高校应完善其预算编制方法，对于基本支出预算采用增量预算法，以上一年学校的发生额为基础，结合学校事业发展趋势，测算本年度的预算发生额；对于项目支出预算应将零基预算法与滚动预算法相结合，在各部门严格论证其项目可行性基础上，以零为基础详细推算为完成该项目所需要精细化的各个分项目费用开支和进度安排、测算依据和预计达到的绩效目标。在预算执行过程中，考虑到财经类应用型高校实习实训项目具有难以标准化、需创新设计以及内容更新快等特点，建议结合滚动预算法，借助预算管理信息系统，随时关注项目的进展动态和开支情况，依据最新变化及时做出调整，以保证在成本效益的基础上实现预期的绩效目标。

6.3 强化预算监控力度，确保预算执行到位

如前所述，预算控制是监控预算执行过程不偏离方向的重要一环，也是实现预算年度目标进而完成高校事业发展规划的重要保障，应贯穿预算管理的整个过程。因此，学校应建立有效的预算控制体系并疏通信息沟通渠道，实施有效的过程控制。首先，将预算目标责任层层落实，使各部门、各机构处室负责人成为预算管理的直接责任人。其次，良好的信息沟通是预算有效执行的必要条件。只有信息沟通良好，预算的差异才能得到及时的分析与调整。因此，高校预算管理应建立多渠道信息反馈系统，进行预算执行信息预警并及时纠偏。因此，财经类应用型高校在预算监控方面还需完善以下两个方面的内容。

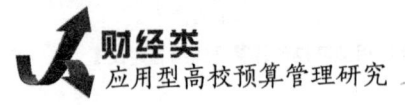

6.3.1 构建预算责任体系，预算目标责任层层落实

如前所述，有些财经类应用型高校并没有建立起严格的预算责任体系，各部门、各机构处室有关预算编制的责任义务得不到有力的约束，从而使得预算监控工作缺乏强有力的制度支撑。因此，财经类应用型高校应构建预算责任体系，按照责、权、利对等的原则，在学校内部设立责任中心。结合财经类应用型高校的实际情况，可以将该校的责任中心划分为以下四种类型：

（1）教学责任中心：主要包括学校各个系部教学单位。

（2）职能管理责任中心：主要包括学校行政办公室、人事处、科研处、教务处、财务处等行政管理部门。

（3）经营责任中心：主要是指学校设立的开展社会培训并取得培训收入的培训中心，由于该中心有独立的收支细目，建议赋予其一定的自主权来开展独立的会计核算。

（4）后勤保障责任中心：主要包括学校后勤公司和宿管科。

在构建了预算责任体系之后，学校各部门将归属于各类责任中心。各责任中心依据预算编制程序首先按照年度预算目标编制本部门的预算，然后交由财务处汇总上报预算管理委员会，预算管理委员会对各责任中心的预算进行审核后报学校党委会审批，最终审批后的预算作为各责任中心预算执行与绩效考核的依据。考虑到财经类应用型高校实习实训项目具有难以标准化、需创新设计的特点，建议财经类应用型高校在年初预算管理委员会向各部门下达年度分目标时，就将预算目标责任层层落实，院党委与负责相关部门预算的院领导之间、负责相关部门预算的院领导与各责任中心之间签订预算责任书，使负责相关部门预算的院领导、各部门、各机构处室负责人成为预算管理的直接责任人（如图 6-3 所示），并以此作为绩效考核的依据。

第 6 章　完善财经类应用型高校预算管理的措施建议

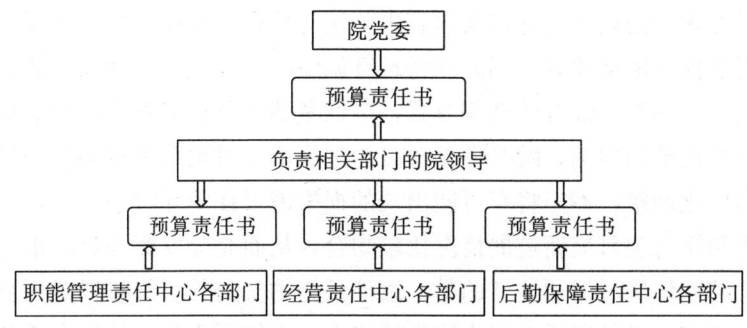

图 6-3　预算责任体系图

6.3.2　疏通信息沟通渠道，强化过程控制

良好的信息沟通是预算有效执行的必要条件。只有信息沟通良好，预算的差异才能得到及时的分析与调整。如前所述，在有些财经类应用型高校没有建立起多渠道信息反馈系统，预算执行与会计核算无法做到及时对接的情况下，《财经类应用型高校预算管理制度》中所规定的预算执行信息预警和及时纠偏在实际操作过程中就不能得到有效执行。因此，财经类应用型高校应引入预算管理信息系统，实现多渠道信息反馈。一方面，对各预算责任部门的预算执行情况实施信息预警。预算信息预警要求快速反应以提请相关责任部门引起高度关注。高校预算的预警重点是对执行过程的预警，如预计在建项目无法正常推进，预计经费支出出现较大波动等重大紧急情况。另一方面，多渠道信息反馈系统可以利用网络信息化进行跟踪监控，通过预算管理信息系统与会计核算系统的对接，自动计算预算执行进度比例，自动找出预算数和实际完成数二者间的差异。再由预算管理委员会办公室工作人员对产生差异的原因和性质进行分析，找出存在问题，并及时提请责任部门纠偏或调整预算。

此外，由于财经类应用型高校的实习实训项目预算具有难以

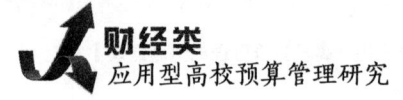

标准化、需创新设计以及内容更新快等特点,其项目支出预算可考虑执行滚动预算,同时保持预算调整的严肃性。滚动预算通过逐月、逐季、混合滚动等方式,定期考核与分析偏差,并提请相关责任部门纠偏,随时根据项目的进展情况对预算进行偏差分析与优化调整,不但将有可能出现的损失消灭在萌芽状态,而且也使预算与项目最新进展情况比较吻合,从而充分发挥预算的指导和控制作用。但须注意的是,滚动预算的实施并不能忽视对预算责任部门不负责任而产生损失的追责,不能因为相关预算责任部门的不作为而随意做出预算调整。滚动预算的调整目的是保持预算与实际情况相接近,而且调整的前提是客观情况发生了变化。当内外部环境因素发生重大变化而需对预算做出重大调整时,必须由相关责任部门写出调整申请,申请中应明确说明预算调整的原因、预算调整的金额、预算调整对原有目标的影响以及相关措施。然后,由分管院领导审核后报预算管理委员会审查,经校党委批准后再由预算管理办公室下达预算调整通知并进行预算调整,以保持预算管理的刚性。

6.4 完善预算考核机制,充分调动教职工的工作积极性

预算考核是全面预算管理的最后一环,有效的预算考核对高校优化配置资源、提高资金使用效益、激发教职员工的工作积极性具有非常重要的作用。如前所述,有些财经类应用型高校对预算的事后绩效考核缺乏应有的重视,行政问责及奖惩机制完全缺失,《财经类应用型高校预算管理制度》中的有关规定未得到有效执行,影响了教职员工的工作积极性。因此,财经类应用型高校应高度重视预算考核工作,完善其预算考核机制,真正实现激发教职员工工作积极性的作用。

建立完善的预算考核机制，有利于对各部门、各机构处室本年度的预算执行情况做出客观公允的评价进而给出合理的奖惩，也有利于对下一年度的预算资金做出更加合理的安排，进而提升预算资金的使用效益。

全面推进预算绩效管理是我国当前和今后一段时期的主要任务[①]。这就要求高校预算应以绩效目标实现为导向，强化预算绩效评价。就财经类应用型高校而言，建议引入内部竞争机制，针对各部门、各机构处室本年度的预算执行情况做出客观公允的评价进而给出合理的奖惩。财经类应用型高校的预算绩效评价应包括基本支出预算绩效评价和项目支出预算绩效评价，考虑到财经类应用型高校的实习实训项目预算具有难以标准化、需创新设计等特点，财经类应用型高校的预算支出绩效评价应以项目支出为重点。同时，绩效评价结果应与下一年度预算经费分配相结合。绩效目标制定合理且在年度预算绩效评估中效果良好的项目应优先安排预算资金，绩效目标编制不符合要求或在年度预算绩效评估中效果较差的项目应减少经费支持甚至不予安排预算资金，且各项目在制定绩效目标时需符合以下要求：

（1）指向明确，即绩效目标要与学校事业发展规划及部门职能相契合。

（2）具体细致，即绩效目标要有详细阐述，便于理解，有关质量、数量、金额以及时间安排等方面应尽可能采用定量形式，只能定性表述的应分级分档。

（3）合理可行，即绩效目标需经过调查研究和科学论证，具有可行性。

笔者针对上述要求并结合财经类应用型高校的实际情况做如

---

① 财政部会计资格评价中心：《高级会计实务》，经济科学出版社，2019年，第552~557页。

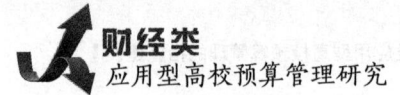

下案例示范(如表6-4所示)。

表6-4 项目支出绩效目标申报表

项目名称	多专业综合实训基础设施装修改造		申请预算资金	400万元
项目绩效目标	该工程完成后将更好地满足财经类多专业学生熟悉企业经营管理流程、提升企业综合管理能力的实训需要,能够为会计、财务管理、审计、金融、税务、工商管理、市场营销、电子商务等多个专业提供良好的实训与交流环境			
绩效指标	一级指标	二级指标	具体指标(指标内容、指标值)	
	产出指标	产出数量指标	工程装修面积约2500平方米	
		产出质量指标	装修质量达到设计及国家相关施工、验收规范要求,创造整洁、安静、明亮的实训与交流环境	
		产出进度指标	工程招投标40日内完成,工程施工100天完成。其中,项目启动20天完成,项目实施60天完成,项目验收20天完成	
		产出成本指标	项目总成本控制在400万元以内	
	效益指标	经济效益指标	无	
		社会效益指标	改善实训条件,为更好地培养财经类各专业学生提供有力保障	
		环境效益指标	项目符合国家节能环保要求	
		可持续影响指标	项目完成后,可以持续使用10年以上	
		服务对象满意度指标	满意度预计达到90%以上	

财经类应用型高校应设立绩效考核委员会,并对预算管理委员会负责。绩效考核委员会由人事处与财务处联合设立,制定学

校绩效考核制度、指标考核体系以及相应激励制度等，报经校党委批准实施。

在每年预算年度结束后，首先由绩效考核委员会依据绩效考核体系对各部门的预算执行情况进行考核。考虑到财经类应用型高校的实习实训项目预算具有难以标准化、需创新设计的特点，针对项目支出预算应专门撰写绩效考核报告，对项目的预算执行情况、绩效目标的完成程度以及存在的问题及原因进行说明，而且需要针对项目执行情况明确绩效等级。其次，绩效考核委员会将绩效考核报告及优差等级意见提交预算管理委员会，由预算管理委员会依绩效评价结果提出对各部门的奖励和处罚意见，报校党委会批准后实施。

需要特别强调的是，依据绩效评价结果提出的对各部门的奖惩意见一定要和教职员工的收入及职称职务晋升挂钩，并强化行政问责。

首先，在年终考核时，针对存在预算执行过程中有严重超支、不按预算方案执行等行为的问题，应依据年初各级领导和部门签订的预算责任书进行追责，强化预算责任体系的严肃性。

其次，建议财经类应用型高校将教职员工从学校取得的收入区分为三部分：第一部分是基本工资收入，第二部分是各行政管理人员的校内岗位津贴和教师的课时费，第三部门是依据各部门的年度绩效考核结果发放的绩效薪酬。财经类应用型高校应合理增加绩效薪酬在教职员工总收入中的比重，并合理拉开差距，使绩效排名靠前和靠后的员工之间绩效薪酬有显著差异。比如积极申报和开展各种项目部门的员工绩效薪酬与不积极申报项目部门的员工绩效薪酬之间应该有显著差异，认真编制项目预算、严格执行预算并达到了预期目标部门的员工绩效薪酬与预算严重超支或者严重使用不足的预算执行较差部门的员工绩效薪酬之间应该有显著差异等。这样不仅可充分调动各部门配合全面预算管理的

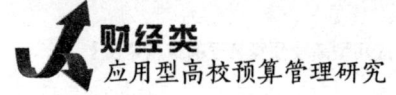

积极性,更重要的是,在当今高等学校"创新求发展"的时代,还可充分调动各部门积极申报项目的主动性和积极性,从而不断推动学校事业的发展。

第 7 章　结论与展望

本章首先对本书的研究过程和研究结论做简要回顾,其次在指出本书研究局限性的基础上确定未来进一步研究的方向。

7.1　研究的主要结论

预算管理作为高等学校财务管理工作中非常重要的一环,一直是理论界和实务界关注的热点问题。目前,在我国大力发展应用型教育的背景下,公办高等学校的规模也在不断扩大。如何使高等学校在迅猛发展的过程中避免出现各种资金管理问题,用活、用好资金,实现成本效益的最大化,使之适应国家发展高等教育的要求,这关系到当前我国公办高等学校能否实现健康发展,也正是高等学校预算管理工作的意义所在。

首先,本书对高等学校预算管理理论以及国内外相关研究文献进行归纳总结。研究发现,学者们针对高校预算管理的理论及实践方面的研究较多,但是,现有的研究大多是把高等学校作为一个整体来探讨,而针对财经类应用型高校预算管理方面的研究相对缺乏。笔者作为财经类应用型高校的工作者,深知财经类应用型高校预算管理与其他高等学校相比有其特殊性。这也正是本书研究的必要性所在。

其次,采用问卷调查法并结合理论分析,从财经类应用型高校视角,选择在我国财经类应用型高校中具有代表性的公立高校

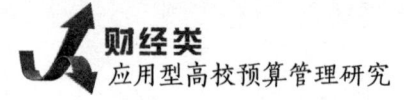

为样本，采用多样本问卷调查和典型实地调研相结合的方法，分析我国公立财经类应用型高校预算管理的现状。调研结果显示，我国财经类应用型高校预算管理存在预算管理体系不健全、预算编制不科学、预算执行控制不到位、预算考核评价弱化等问题。接着，以 A 财经类应用型高校为例，深入分析和研究了财经类应用型高校的预算管理现状、存在的问题及原因。

再次，针对我国财经类应用型高校预算管理过程中存在的问题，本着虚心学习的态度，笔者通过查阅资料、走访、电话、网络等形式深入了解国外高校与国内一些财经类应用型高校的预算管理实施情况，期望通过借鉴国外高校的预算管理经验，在国内财经类应用型高校中互通有无，优势互补，共享某些成功经验，为完善我国财经类应用型高校预算管理带来启示。

最后，在借鉴国内外有关高等学校预算管理的研究成果以及成功经验的基础上，运用相关理论和方法，结合财经类应用型高校的实际情况和发展要求，针对目前我国财经类应用型高校的预算管理应用存在的问题，从预算管理体制、预算编制、预算执行与控制以及预算绩效评价四个方面提出优化措施：①深化全面预算管理观念，健全预算管理体系；②合理确定预算目标，科学选择预算编制方法；③强化预算监控力度，确保预算执行到位；④完善预算考核机制，充分调动教职工的工作积极性。

7.2 研究的主要不足以及未来展望

由于时间、精力以及研究能力的限制，再加上借鉴其他财经类应用型高校预算管理经验时预算信息获得的困难性，本书的研究也存在一些不足之处，还需在以后的工作和学习中继续深入，主要表现在：

首先，就研究方法而言，本书采用了文献研究法、问卷调查法以及访问调研法等来认真了解和收集国外高校以及国内一些财经类应用型高校的预算管理实施情况，提炼总结国外高校以及财经类应用型高校在预算管理应用方面的成功经验。但是，国外高校和某些财经类应用型高校的预算管理经验在多大程度上适用于所有财经类应用型高校，还有待进一步验证。

其次，全面预算管理作为一个庞杂的系统工程，必须考虑多个影响因素。尽管本书尽量做到考虑预算管理多个影响因素的作用，但仍然无法穷尽所有因素以及因素间的互相影响。因此，笔者作为财经类应用型高校的工作者，在以后的学习工作中还需做进一步的深入研究。

最后，就完善建议而言，尽管本书针对财经类应用型高校预算管理存在的问题提出了相应的优化措施，但还需做进一步的细化。如预算管理信息系统的设计与建立，预算管理体系完备与工作效率之间如何取得平衡，预算绩效考核体系中如何针对不同的责任中心设置绩效考核指标和权重等都需要在学习和工作中深入研究和逐步完善。

此外，在国外高校预算管理中已经开始尝试采用比较先进的作业基础预算法和超越预算法，作业基础预算法要求对业务单位进行全方位的价值链分析，区分增值作业和非增值作业，消除非增值作业，优化增值作业，通过对业务单位预期的增值作业进行计划和控制，向责任单位授权，为其提供预算业务量必须执行的作业（增值作业）所需要的资源，编制出满足预计的作业量和战略目标的预算。而对财经类应用型高校进行全方位的价值链分析，需要高校自上而下全体中高层管理人员共同进行，就笔者个人而言有些力不从心，但也是笔者以后继续深入研究的方向。超越预算法作为21世纪国外的一种新兴预算管理工具，其主要特点是能根据业务单位内外部环境变化通过滚动预测随时调整预算管理目标和流程，使预算执行更高效。应该说，结合财经类应用

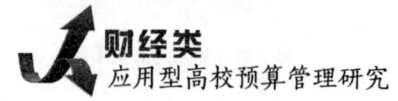

型高校预算管理特点，其项目管理采用超越预算法是非常适合的。但是，超越预算法的使用要求高度分权，需要权利和责任从整个高校单位中心到个体业务单位的转移，由各业务单位做出各自的决策。这关系到高校管理体制的问题。另外，超越预算法的预算考核不完全依据预算目标的完成情况，而是通过平衡计分卡、标杆制度、关键绩效指标等其他综合绩效评价系统来完成，最终以相对标准为基础设计激励机制，来矫正员工的行为，以促进预算目标的实现。这就要求针对不同的预算项目找到不同的标杆和不同的关键绩效指标，因此对高校预算绩效考核委员会提出了更高的要求，这也是笔者以后继续开展本课题研究的方向。

参考文献

[1] 张男星. 高等学校绩效评价研究 [J]. 高教发展与评估, 2019 (7): 2.

[2] 仝乃礼. 关于以战略为导向的高校预算管理体系构建探讨 [J]. 经济研究导刊, 2018 (3): 122-123.

[3] 高磊. 试论如何提高高校预算管理质量 [J]. 经济纵横, 2018 (24): 90-91.

[4] 钱方明, 李畅. 高校预算绩效评价指标体系构建研究 [J]. 长春师范大学学报, 2018 (3): 148-153.

[5] 刘罡. 基于内部控制视角的高校预算管理体系研究 [J]. 会计之友, 2018 (1): 150-152.

[6] 穆晓丹. 高校预算管理问题与对策研究 [J]. 时代金融, 2018 (15): 267-268.

[7] 毛珮. 高校预算管理的必要性与可行性研究 [J]. 经济师, 2018 (2): 109-112.

[8] 赵湘莲, 徐艺. 高校预算绩效评价指标体系构建 [J]. 市场周刊（理论研究）, 2018 (5): 31-32.

[9] 吕德铭. 政府预算体系改革监管重点刍议 [J]. 中国财政, 2017 (6): 49-51.

[10] 杨晓红. 对高校财务预算管理流程改进和优化问题的研究 [J]. 行政事业资产与财务, 2017 (7): 74-76.

[11] 赵善庆. 公立高校预算管理存在的问题与改进策略 [J].

无锡商业职业技术学院学报, 2017 (4): 59-63.

[12] 李志情, 董玲. 高校预算绩效管理存在的问题及建议 [J]. 会计之友. 2016 (8): 89-91.

[13] 刘雅荣, 肖云峰. 高校预算管理存在的问题及对策 [J]. 高等财经教育研究, 2016 (6): 40-41.

[14] 付桂彦, 陈亚楠. 基于财务信息系统的高校预算管理应用浅探 [J]. 财会通讯, 2016 (13): 121-122.

[15] 王宏宇, 刘雅华. 谈新《预算法》下高校财务支出预算的编制 [J]. 财会月刊, 2016 (20): 49-51.

[16] 姜竹, 戴沁轩. 预算法治框架下的预算绩效管理实践 [J]. 财经界 (学术版), 2015 (14): 145-147.

[17] 周丽辉. 事业单位精细化预算管理的现状及建议 [J]. 财经界 (学术版), 2015 (3): 98+251.

[18] 刘国斌, 冀晶焱. 基于BSC和KPI的高校绩效预算评价体系构建 [J]. 会计之友, 2015 (4): 126-129.

[19] 胡敏, 卢振家. 预算对大学治理的建构 [J]. 教育财会研究, 2015 (4): 40-43.

[20] 乔春华. 论预算的治理职能——以高校为例 [J]. 会计之友, 2014 (7): 106-110.

[21] 何咏莲. 加强高校预算管理的对策探讨 [J]. 湖南财政经济学院学报, 2013, 29 (3): 73-80.

[22] 董艳梅. 财务预算管理存在的问题及解决策略 [J]. 现代商业, 2013 (2): 223.

[23] 赵传仁. 高校预算管理制度问题探析 [J]. 西部财会, 2013 (6): 4-8.

[24] 董晓燕. 高校预算编制困境及对策研究 [J] 会计师. 2013 (16): 72-73.

[25] 史延玲. 基于平衡计分卡的A高校预算管理绩效评价

[J]. 齐鲁师范学校学报. 2013 (3)：31-34.

[26] 龙英. 高校绩效预算管理制度研究 [J]. 教育财会研究，2013 (1)：26-29.

[27] 林学延. 高校预算管理改革的反思 [J]. 会计之友，2013 (32)：111-114.

[28] 刘从兵. 高校预算绩效评价指标体系构建——基于绩效评价"3E"原则 [J]. 会计之友，2012 (7)：127-128.

[29] 吴婧，陆萍，张甫香. 高校预算绩效评价指标体系构建 [J]. 财会通讯，2012 (16)：22-24.

[30] 宋慧晶，孟凡斌. 高校预算管理的信息化研究 [J]. 商业会计，2012 (14)：98-99.

[31] 李现宗，毕治军，颜敏. 高校预算管理转型研究 [J]. 会计研究，2012 (12)：68-73.

[32] 辛勤. 全面预算管理的由来及发展. [J]. 现代会计，2010 (2)：36-39.

[33] 刘春. 高校财务预算管理流程改进和优化 [J]. 浙江工业大学学报，2010 (9)：290-295.

[34] 高严. 预算管理研究：基于权变理论的改进 [J]. 财会通讯，2009 (8)：139-141.

[35] 夏颖，孙士霞. 高校预算管理存在的问题、成因及对策分析 [J]. 首都经济贸易大学学报，2009 (5)：95-97.

[36] 王丽萍，郭岚，张勇. 高校构建新型绩效预算管理体系之探讨 [J]. 财会月刊（综合版），2008 (6)：23-25.

[37] 许江波. 浅议高等学校责任预算管理体系的构建与实施 [J]. 首都经济贸易大学学报. 2007 (1)：125-128.

[38] 郭银清. 浅谈优化高校预算管理的对策 [J]. 经济师，2006 (9)：103-104.

[39] 崔洪俊. 新时期高校财务管理问题研究 [J]. 财会通讯

(理财版)，2006（12）：21-22.

[40] 周其仁. 市场中的企业：一个人力资本与非人力资本的特别契约[J]. 经济研究. 1996（6）：71-80.

[41] 财政部会计资格评价中心. 高级会计实务[M]. 北京：经济科学出版社，2019.

[42] 乔春华. 高校预算管理研究[M]. 苏州：苏州大学出版社，2013.

[43] 财政部编写组. 事业单位财务规则解读[M]. 北京：中国财政经济出版社，2012.

[44] 杨世忠. 对会计信息监管平台建设的系统思考[M]. 北京：北京航空航天大学出版社，2012.

[45] 罗海英. 民办高校预算管理优化研究——以C学院为例[D]. 广州：暨南大学，2019.

[46] 娄思卿. 预算松弛现象下的A大学预算管理优化研究[D]. 南昌：东华理工大学，2019.

[47] 贺莉婷. 高校预算管理及优化研究——以J大学为例[D]. 郑州：河南农业大学，2019.

[48] 刘慧敏. 高校预算管理内部控制研究[D]. 南昌：江西财经大学，2019.

[49] 姜润坤. 高校二级教学单位预算绩效评价问题研究——以A大学为例[D]. 蚌埠：安徽财经大学，2017.

[50] 周金. 普通高校预算管理研究[D]. 沈阳：沈阳理工大学，2014.

[51] 孙倩. 高校预算管理体系优化研究[D]. 成都：西南财经大学，2014.

[52] 王倩倩. 高校预算管理问题研究[D]. 北京：首都经济贸易大学，2014.

[53] 杜秦汉. 基于绩效预算的高校预算管理模式探讨——以

SCJC 学院为例 [D]. 成都：西南财经大学，2013.

[54] 母丹. JY 农学校预算管理应用及优化研究 [D]. 重庆：重庆师范大学，2012.

[55] 黄锦亮. 企业预算管理的困境与对策研究 [D]. 北京：财政部财政科学研究所，2012.

[56] 石松. 我国高等职业院校预算管理研究 [D]. 北京：首都经济贸易大学，2011.

[57] 吴明珠. 高校部门绩效预算管理研究 [D]. 广州：广东工业大学，2011.

[58] 杨蓓. 高校预算管理模式优化研究 [D]. 长沙：湖南大学，2011.

[59] 刘鑫. K 大学财务预算现状及绩效预算的应用 [D]. 成都：电子科技大学，2010.

[60] 乐美云. 我国高等教育预算管理改革问题研究 [D]. 厦门：厦门大学，2006.

[61] Berman E, Wang X H. Performance measurement in U. S. counties: capacity for reform [J]. Public administration review，2000，60（5）：409-420.

[62] Coase R H. The firm, the market and the law [M]. Chicago：University of Chicago Press，1937.

[63] Fama E. Contract cost and financial decision [J]. Journal of business，1990（13）：67-86.

[64] Kong D. Performance-based budgeting: the U. S. experience [J]. Public organization global journal，2005，5（12）：12-15.

[65] Modigliani F, Miller M H. The cost of capital, corporation finance and the theory of investment [J]. The American economic review，1958（3），261-297.

[66] Rogulenko T, Ponomareva S. Budgeting-based organization of internal control [J]. International journal of environmental and science education, 2016, 11 (11): 4104-4117.

[67] Seal W, Ball A. Interpreting the dynamics of public sector budgeting: a dialectic of control approach [J]. Financial accountability & management, 2011, 27 (4): 409-436.

[68] Whalen E L. Responsibility center budgeting: an approach to decentralize management for institutions of higher education [M]. Bloomington: Indiana University Press, 1991.

附录 财经类应用型高校预算管理现状调查问卷

您好！欢迎您参加"财经类应用型高校预算管理现状调查问卷"的调查工作！此次调查将用于学术研究，旨在对财经类应用型高校预算管理现状存在的问题做出改进。希望您能抽出一些时间积极配合我们的调查工作，我们将对您的信息严格保密。

谢谢您的参与！

一、财务部门基础信息

1. 您所在的学校及学院是：

学校：_____   学院：_____

2. 您所在学校的财务部门员工教育程度结构（以 2019 年全年为依据）：

本科以下：_____人   本科：_____人   硕博及以上：_____人

3. 您所在学校的财务部门员工年龄结构（以 2019 年全年为依据）：

30 岁以下：_____人   30~40 岁：_____人

41~50 岁：_____人   50 岁以上：_____人

4. 您所在学校的财务部门专业技术职称结构（以 2019 年全年为依据）：

初级技术职称：_____人   中级技术职称：_____人

高级技术职称：_____人　　其他：_____人

5. 您所在学校的财务部门人才储备情况（以 2019 年全年为依据）：

财政部会计领军人才（含后备）：□有　　□无

省级会计领军人才（含后备）：□有　　□无

中国注册会计师：□有　　□无

注册管理会计师：□有　　□无

二、预算管理机制方面

1. 您所在学校的财务管理体制：

□统一领导，分级管理　□统一领导，集中管理　□两者结合

2. 您认为影响学校预算管理的主要因素有哪些（本题可以多选）：

□预算管理意识淡薄　　　□编制方法不科学

□执行力度不够　　　　　□考核评价不公允

□各个部门沟通存在问题　□其他

3. 您所在学校是否专门组织预算管理专题培训：

□定期组织　□偶尔组织　□从未组织

4. 您所在学校是否会征集广大教职员工对学校预算管理的建议：

□是　　　□否

5. 您所在学校领导是否会定期召开预算管理专题会议：

□是　　　□否

6. 您所在学校实习实训项目在总体预算资金中所占的比重：

□较大　□较小　□没有

7. 您所在学校预算管理中实习实训项目建设的标准化程度：

□较高　□较低　□难以实现标准化

8. 您所在学校制定的《预算管理制度》与实际情况相比：

☐很不符合实际情况　　☐不太符合实际情况

☐基本符合实际情况　　☐完全符合实际情况

9. 您所在学校是否专门设置了预算管理委员会：

☐是　　　☐否

10. 您所在学校参与预算管理的部门有：

☐财务部门　　☐教务部门　　☐科研部门

☐资产部门　　☐后勤部门　　☐其他

11. 您所在学校预算管理的各部分分工很明确，预算的总体规划、编制、调整、监督、分析都有相应的人员负责：

☐是　　　☐否

12. 您所在学校引入了预算管理信息系统：

☐是　　　☐否

三、预算目标设定与编制方面

1. 您所在学校最近 5 年是否有比较明确的整体事业发展规划：

☐是　　　☐否

2. 您所在学校各部门是否都有明确的预算目标：

☐是　　　☐否

3. 您所在学校的预算目标是否符合学校整体事业发展规划：

☐很不符合　　☐不太符合

☐基本符合　　☐完全符合

4. 您所在学校的预算目标是否参考了往年的情况以及兄弟院校的平均水平：

☐没有参考　　☐部分参考

☐基本参考　　☐完全参考

5. 您所在学校预算目标的设定采取的方式：

☐自上而下　☐自下而上　☐上下结合

6. 您所在学校的预算目标与单位实际情况相比：

☐很不符合实际情况　　☐不太符合实际情况

☐基本符合实际情况　　☐完全符合实际情况

7. 您所在学校各部门对于预算目标的态度：

☐不放在心上，对自己没什么激励

☐有一点激励作用，但是不明显

☐预算能得到较好尊重，努力工作以符合预算目标

7. 您所在学校是否十分重视预算的编制及使用，并有专门的部门或个人来负责：

☐是　　　☐否

8. 您所在学校采用了哪些预算编制方法（本题可以多选）：

☐固定预算　☐弹性预算　☐零基预算　☐增量预算

☐定期预算　☐滚动预算　☐概率预算　☐其他

9. 您所在学校实习实训项目预算的论证是否有企业实务专家的参与：

☐是　　　☐否

10. 您所在的学校项目预算中项目经费用途的细化程度是：

☐非常详细　☐比较详细　☐一般　☐比较粗略　☐非常粗略

11. 您所在的学校编制的全面预算：

☐以 1 个月为一个完整的预算期

☐以 1 个季度为一个完整的预算期

☐以半年为一个完整的预算期

☐以 1 年为一个完整的预算期

☐以 1 年以上为一个完整的预算期（不包括 1 年）

12. 您所在的学校编制的预算是否能够引导学校资源进行合理配置：

□是　　　□否

13. 您所在的学校编制的预算是否为学校各项业务活动制定了控制标准：

□是　　　□否

14. 您所在的学校编制的预算对员工的工作是否有较强约束性，员工需通过努力才能达到预算指标：

□是　　　□否

15. 您认为您所在的学校编制的预算是否合理：

□很不合理　　□不太合理　　□基本合理　　□非常合理

四、预算执行与控制方面

1. 您所在的学校各部门预算指标的执行情况：

□只是形式，没有被严格执行

□有被执行，但是执行力度不够

□基本按照预算指标进行，在合理范围内波动

□严格按照预算指标进行

2. 您所在学校在预算执行过程中，发现实际情况与预算有差异时，是否能及时对差异进行分析并采取措施：

□是　　　□否

3. 您所在的学校对于预算分析的态度：

□从不召开预算分析会

□偶尔召开预算分析会

□定期召开预算分析会

4. 您所在学校在预算执行过程中，上下级部门对经费的使用和项目的进展情况交流次数是：

□几乎不交流　　□必要时会交流　　□经常会交流

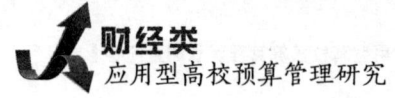

5. 您所在的学校是否会定期（如每年）评审供应商：

☐是　　　☐否

6. 您所在的学校一般在预算执行过程中是否会对预算进行调整：

☐一般不调整　　　☐经常会调整

7. 您所在的学校在发生重要变化时（如重大项目、事业发展规划发生变化等）是否会及时调整预算：

☐是　　　☐否

8. 您所在学校的预算管理与成本管理控制：

☐紧密相关　　　☐关联性较大

☐有一定关联　　　☐没有关联，相互独立

9. 您所在学校的预算管理软件工具的使用情况：

☐比较完善　　☐部分使用　　☐没有采用相关工具

10. 您认为预算管理软件是否会提升单位财务工作的业务处理能力：

☐非常认同　　☐一般认同　　☐不确定　　☐不太认同　　☐完全不认同

11. 您所在的学校在财务人员培养的过程中是否会涉及预算管理软件应用技能培训：

☐很大程度上涉及　　☐部分涉及　　☐很少涉及　　☐没有涉及

12. 您认为目前制约您所在学校预算管理软件使用的最主要因素在于（本题可以多选）：

☐领导重视程度不够

☐缺少相关业务信息化人才

☐缺少相关业务信息化的培训

☐成本高、收益小

☐技术复杂不易理解

☐单位集成信息系统已经很完善

☐缺少相关服务机构
☐其他

五、预算绩效考核方面

1. 您所在学校是否构建了预算责任体系,并设立责任中心:
☐是　　　☐否
2. 您所在学校的预算管理与业绩评价管理:
☐紧密相关　　☐关联性较大
☐有一定关联　☐没有关联,相互独立
3. 您所在学校预算管理是否以绩效目标的实现为导向:
☐是　　　☐否
4. 您所在学校预算绩效目标是否与学校事业发展规划及部门职能相契合:
☐是　　　☐否
5. 您所在学校的项目预算绩效考评指标:
☐定量指标为主
☐定性指标为主
☐定量指标与定性指标相结合
6. 您认为您所在学校所制定的项目预算绩效目标是否具有可行性:
☐是　　　☐否
7. 您所在学校的预算管理中相应的考核机制:
☐有,一定会实施
☐有,但偶尔会实施
☐从来没有
8. 您所在学校的预算管理中相应的奖惩制度:
☐有,能充分调动各部门实现预算目标的主观能动性
☐有,只能保证预算目标被实现

☐有，但几乎没有效果

☐没有，还在考虑中

9. 您所在学校预算管理是否设立预算绩效考核委员会：

☐是　　　☐否

10. 您所在学校的预算绩效对于部门的业绩评价：

☐没有影响　　☐较低影响　　☐较高影响

11. 您所在的学校预算绩效评价结果是否与教职员工的收入及职称职务晋升挂钩，并强化行政问责：

☐是　　　☐否

12. 您认为您所在学校的预算考核机制清晰明确，并能合理地评价各部门及其员工的工作成绩：

☐是　　　☐否

六、问卷填写人信息

1. 性别：

☐男　　　☐女

2. 年龄：

☐30 岁以下　☐31~35 岁　☐36~40 岁

☐41~45 岁　☐46~50 岁　☐51 岁以上

3. 学历：

☐大专以下　☐大专　☐本科　☐硕士研究生（含 MBA/EMBA）　☐博士研究生　☐其他

4. 职位：

☐高层管理者　☐中层管理者　☐基层管理者　☐其他

6. 职称：

☐高级职称　☐中级职称　☐初级职称　☐其他

7. 您在目前单位工作年限：＿＿＿＿年

8. 您任现职年限：＿＿＿＿年

9. 您的邮箱：＿＿＿＿＿＿（本题为自愿填写，方便与您信息互通有无）

问卷填写完毕，再次感谢您的支持与合作！

如果您对本次调查有什么意见、建议和要求，欢迎写在下面：

＿＿＿＿＿＿＿＿＿＿＿＿＿＿＿＿＿＿＿＿＿＿＿＿＿＿＿

后　记

本书由西南石油大学经济管理学院马会起副教授与四川财经职业学院高级会计师杨桂女士共同撰写而成，并得到了学校领导与同仁们的帮助与支持。

感谢杨桂女士硕士阶段的导师西南民族大学管理学院周轶英教授。本书得到了周教授的悉心指导和关键性的点拨，更是凝聚着周教授辛勤的汗水和心血。四川财经职业学院黄吉秀院长、张华书记、易思飞副院长、钟用副院长、罗潇副院长、肖兆飞副院长在课题的研究过程中也给予了很多的支持与帮助，在这里表示衷心的感谢。

感谢西南石油大学经济管理学院高军院长、党刘栓书记、郑小强副院长、郭志钢副院长、吴晓明副院长、李洪祥秘书、王琼硕士、袁月圆硕士、李洪霞硕士以及会计学教研室老师们的大力支持和帮助，没有他们的支持，本项研究很难圆满完成。

另外，四川省建中核电实业有限责任公司财务总监任鑫女士在著作完成过程中也给予了诸多帮助和支持，也一并致谢！

由于水平、时间、精力所限，本书难免有错漏之处，恳请读者批评与指正！

马会起　杨　桂
2021 年 1 月